I

REVISTA
Bibliográfica & Cultural
DO SESI-SP

1

SESI-SP editora

SESI-SP editora

Conselho editorial
Paulo Skaf (Presidente)
Walter Vicioni Gonçalves
Débora Cypriano Botelho
César Callegari
Neusa Mariani

Memória e **Sociedade**

Organização e notas Cláudio Giordano
Editor Rodrigo de Faria e Silva
Editora assistente Juliana Farias
Ana Lucia S. dos Santos
Produção gráfica Paula Loreto
Apoio Carol Ermel
Capa e projeto gráfico Negrito Produção Editorial
Revisão Bárbara Borges
Adir de Lima

Agradecimentos especiais
José Felicio Castellano

© Sesi-SP Editora, 2012

Serviço Social da Indústria (São Paulo)
   Revista bibliográfica e cultural do SESI / Serviço Social da Indústria (São Paulo) - São Paulo: SESI-SP editora, 2012. (Memória e Sociedade)
   v.1 il.

   Conteúdo: v.1 Roberto Simonsen

   ISBN 978-85-65025-86-7

   1. Mariano, Oswaldo 2. Simonsen, Roberto   I. Título

CDD – 920

Índices para catálogo sistemático:

1.Registros bibliográficos

Bibliotecárias responsáveis: Elisângela Soares CRB 8/6565
Josilma Gonçalves Amato CRB 8/8122

Sumário

Apresentação 7
Abertura 9
Sobre a presente obra 11
Guardados de Oswaldo Mariano 15
   1. Oswaldo Mariano 17
   2. Roberto Simonsen, escritor, pensador 45
   3. Roberto Simonsen na Academia Brasileira de Letras . 77
   4. Repercussão da morte de Roberto Simonsen 105
   5. Almanaque, retrato de uma época 157

Apresentação

ROBERTO SIMONSEN FOI UM HOMEM À FRENTE DE SEU TEMPO. Protagonista de um período em que a industrialização no Brasil ainda lutava para se consolidar, foi um dos primeiros a reconhecer a importância do papel da educação como garantia de desenvolvimento tecnológico e crescimento econômico. Foi um dos grandes idealizadores do Sesi e do Senai, participando ativamente da sua criação em 1942 e constituindo o seu primeiro Conselho Consultivo.

O Brasil hoje se depara com o desafio da competitividade num mundo sempre mais globalizado. Crescimento econômico estável e ecologicamente sustentável, a distribuição de riquezas e a melhoria da qualidade de vida da população em meio a tantas inovações tecnológicas são preocupações de todos os líderes da atualidade. E todas elas encontram uma única solução: a disseminação generalizada do acesso à educação de maneira universal, moderna e voltada para a capacitação profissional.

Nesse contexto a memória do pensamento de Roberto Simonsen se torna ainda mais presente. Mais do que nunca a proposta de união de empresários e trabalhadores na busca comum do desenvolvimento pessoal e do crescimento econômico, simbolizada pelas inúmeras instituições do Sesi e do Senai espalhadas por todo o Brasil, se revela atual e necessária. A exemplo de países como a Coreia do Sul e a China, que conquistaram um lugar entre as nações mais desenvolvidas do planeta por meio da modernização e disseminação de seus sistemas educacionais, o Brasil vê diante de si um longo caminho a ser trilhado, rumo ao protagonismo mundial que sempre foi uma de suas principais vocações.

Como Roberto Simonsen, a indústria brasileira é compromissada com o futuro do Brasil. E ao lançarmos o olhar sobre o legado desse, que foi um dos grandes pensadores que esta nação produziu, reafirmamos diariamente esse mesmo compromisso, na luta constante por uma educação de qualidade que, de alunos, produza brasileiros plenamente capazes de contribuir para a grandeza do nosso país.

PAULO SKAF
Presidente da Federação das Indústrias do Estado de
São Paulo – FIESP, do SESI-SP e do SENAI-SP

Abertura

A perpetuação dos valores que estruturam a identidade de uma instituição, depende do cuidado com que é preservada a memória das ideias e das ações que fundamentam suas atuações.

É com esta percepção que damos início a esta série da Revista Bibliográfica e Cultural do Sesi-SP. A revista oferecerá ao público interessado documentos, depoimentos, levantamentos biográficos e bibliográficos, reedições de publicações esgotadas que, de alguma forma, representem os princípios que balizaram a ação do Sesi-SP ao longo da história.

Nada melhor, portanto, que começar com uma edição que resgate a figura do idealizador do Sesi, Roberto Simonsen. Tomando contato com a infinidade de documentos guardados pelo jornalista Oswaldo Mariano, amigo chegado de Simonsen e funcionário do Sesi, o leitor poderá vislumbrar a complexidade dessa personagem. Idealista e pragmático, sofisticado na formação e simples no trato, Roberto Simonsen

9

marcou a todos que com ele conviveram.
Como atestam documentos aqui publicados, ele foi o grande ideólogo da classe industrial, destacando seu papel no contexto da economia nacional. A partir de uma visão do conjunto da economia, detectou a necessidade de uma política industrial que conduzisse o Estado a prover determinados setores industriais básicos (siderurgia, petróleo) e valorizasse o papel da indústria como indutora de desenvolvimento social e determinante de independência política e econômica.

Movendo-se em direção a essa visão, participou da criação da CIESP em 1928 e liderou várias outras iniciativas inéditas no país. Criou a Escola de Sociologia e Política, visando à formação de elites dirigentes. Fundou o Instituto de Organização Racional do Trabalho (IDORT) para prover nossos a métodos de produção, orientação profissional e higiene do trabalho. A criação do SESI e do SENAI veio como consequência natural dessa sua trajetória à frente da classe industrial.

Assim, apresento ao leitor deste primeiro número da Revista Bibliográfica e Cultural do SESI-SP como mais uma contribuição à preservação da memória institucional.

Walter Vicioni Gonçalves

Sobre a presente obra

A história do ser humano se faz pelos registros que ele deixa depois de viver a aventura de sua existência. Tais registros são de natureza variada, desde os não intencionais (por exemplo, marcas do cotidiano) até aqueles produzidos e conservados pelos indivíduos para que lhes sobrevivam: monumentos, obras de arte, documentos, livros etc. Tudo isso possibilita aos sucessivos viventes construir a história humana.

Há também um escalonamento de relevância entre os registros: uns são de importância, riqueza de conteúdo e confiabilidade ímpares e únicas; outros são discretos, restritos a circunstâncias mínimas da existência de uma pessoa ou de um momento histórico. Todos, porém, são de proveito aos que deles se valem para olhar e estudar o passado: os primeiros abrindo perspectivas no campo das pesquisas ou preenchendo vazios da história; os menores, quando não contribuem diretamente nesse processo, possibilitam a recuperação e o avivamento de eventos e personagens, em um segmento maior ou menor da sociedade. É desses registros que se compõe este volume inaugural da coleção Memória e Sociedade, publicado pela Editora Sesi-SP.

Registram-se aqui documentos e impressos de várias naturezas: os documentos provêm de guardados do jornalista Oswaldo Mariano, incluindo manuscritos, fotos, jornais, cartas e artigos, e de publicações levadas a cabo pelo Serviço Social da Indústria (sesi) sob a forma de folhetos, plaquetas, revistas, jornais e livros. Dá-se destaque aos guardados de Oswaldo Mariano.

O jornalista Oswaldo Mariano foi amigo próximo de Roberto Simonsen e funcionário do SESI. Seus guardados foram enviados pela família à entidade após a sua morte, aos cuidados do Sr. José Felicio Castellano, Superintendente de Integração do SESI-SP, a quem devemos especial agradecimento, e contêm apontamentos, fotos, recortes, algumas cartas e telegramas, páginas de jornais (1942, 1948) e opúsculos: a constante desses itens é a figura de Roberto Simonsen, fundador da Federação das Indústrias do Estado de São Paulo (FIESP), o que evidencia a estima e admiração que o jornalista lhe votava e os serviços prestados por ele a essas entidades e a Roberto Simonsen, além do apreço em que este o tinha.

Provavelmente não há, nesse diminuto acervo, nada de revelador ou de inédito em relação a Roberto Simonsen, à sociedade de seu tempo ou à história das entidades a que se ligou Oswaldo Mariano; mas por certo ele oferece elementos que contribuem para avivar contornos das personalidades e dos episódios nele presentes. E mesmo que não dê essa contribuição, serve de pretexto para que se rememore uma fração do passado que, embora devidamente documentada em outras fontes, tende ao esquecimento.

Por meio desses guardados, ter-se-á neste volume uma vista d'olhos da vida de quem os coletou; de episódios da vida e ação de Roberto Simonsen e do impacto de sua morte; menção de personalidades hoje esmaecidas; amostras do cotidiano da década de 1940, extraídas de folhas avulsas de jornais da época.

Com relação aos impressos e às publicações, há um lote compreendendo duas dezenas de exemplares do Jornal SESI e poucos números de revistas publicadas também pelo SESI ou por empresas (entre 1953 e 1965); além de consignar-lhes a existência, extraímos algumas curiosidades de colorido cultural. Os demais itens – plaquetas, opúsculos, livros – são apenas consignados bibliograficamente.

Não se tem aqui uma obra elaborada, mas um arquivo bibliográfico, ao qual se agregam doses homeopáticas de informações de caráter cultural, mediante a reprodução ou transcrição de peças do passado. A menos de pequenas notas explicativas, todos os textos e imagens constam nos itens do acervo.

O propósito desta iniciativa? Primeiro trazer à tona peças do mosaico da cultura histórica do SESI que forneçam aos leitores de hoje informações deles desconhecidas ou apagadas e que, a par de ilustrá-los, possam ajudá-los na formação de juízo. Em segunda e não menor instância, ressaltar a importância da conservação de "coisas do passado", quase sempre esquecidas em caixas, maleiros e fundos de gavetas, ou pastas e impressos ignorados em uma estante ou um armário de departamento, que poderiam estar disponíveis em uma biblioteca. (É chegado o momento de lhes dar destino, para que não sejam descartadas sumariamente, como mera velharia e sem interesse, mas sempre encaminhadas para entidades ou institutos culturais que saberão dar-lhes o devido valor). Finalmente, não será surpresa se estudiosos vierem a encontrar nesta iniciativa informações inesperadas e complementares a suas buscas.

É o conhecimento de sua história que faculta ao ser humano compreender-se cada vez mais, principalmente no aspecto fundamental para sua sobrevivência, que é a vida em sociedade. E a história se faz de grandes e pequenos acontecimentos, que nos chegam por meio de documentos relevantes, mas também de registros mínimos e imprevistos.

Cláudio Giordano

Guardados de Oswaldo Mariano

1.
OSWALDO MARIANO

Segundo verbete que consta no *Dicionário Literário Brasileiro* de Raimundo de Menezes (Rio de Janeiro: LTC, 1978):

> Mariano (Oswaldo) – N. em Santa Rita de Passa Quatro (SP), a 8 de julho de 1909, filho de Salatiel Mariano Leme da Costa e D. Emília Peroa Abetini. Estudou as primeiras letras no Grupo Escolar F. Ribeiro e Externato Santa-Ritense, e o secundário no Colégio Oswaldo Cruz. Diplomou-se pela Faculdade de Filosofia da USP. Jornalista por vocação, colaborou em vários órgãos: *Diário de S. Paulo, Folha da Manhã, Folha da Tarde, Anhanguera, O Estado de S. Paulo, Jornal de Notícias, Imparcial, Correio da Tarde, Correio de S. Paulo, Jornal da Manhã, Revista de S. Paulo* e outros. Diretor da Agência Nacional (1941-1944), professor do Instituto Comercial do Brasil, diretor e professor do Instituto de Ciências e Letras, sócio-fundador do Sindicato dos Jornalistas, da Associação Brasileira de Imprensa e da Associação Paulista de Imprensa. Ocupou cargos de relevo. Secretário de Relações Públicas da Secretaria do Governo do Estado. Bibliografia: *Apontamentos de estilística* (ensaios); *Vai começar o espetáculo...* (contribuição para a história do circo no Brasil).

Oswaldo Mariano também organizou a edição comemorativa de *Estudos sobre a poética de Cassiano Ricardo* (São Paulo: São José, 1965).

Oswaldo Mariano e Roberto Simonsen.

Roberto Simonsen

OSWALDO MARIANO

O economista que investia também o coração, esse imenso capital ocioso.

"Esse homem tem tudo. É inteligente, culto, rico, poderoso, bom e ainda bonito. É demais". Isso ouvi, certa vez, de um funcionário falando de seu patrão, Roberto Simonsen. E eu acrescentei: também valente. É que, naqueles dias, ele havia encostado à parede dos corredores do Palácio do Governo um oficial de gabinete: "Não se envolva nisso, que lhe meto a bengala".

Deve haver alguma razão transcendente para explicar por que certas criaturas – como no caso de Roberto Simonsen – nascem superdotadas, merecendo o privilégio de tantas graças.

Deixo a cogitação para os geneticistas, ou para os teólogos. Posso apenas, através de observações, numa convivência quase que diária, durante oito anos, contar episódios da vida do eminente brasileiro de S. Paulo. Valem esses episódios uma biografia-ensaio, que ainda espero escrever. Agora, entretanto, para os limites do depoimento solicitado, ficarei restrito somente a alguns fatos que podem dar traços da grande figura humana.

Sinto-me à vontade para ser sincero, exato, ao falar de Roberto Simonsen pela consideração que lhe merecia. Não tinha com ele nenhum vínculo empregatício, ou de qualquer natureza econômica, que pudesse justificar o tempo e a atenção que me dispensava. No entanto, quando me ausentava, [Simonsen] reclamava minha presença.

Quando o Dr. Roberto estava fora de S. Paulo, nosso "papo", geralmente, sobre seus amigos, ou sobre política, era pelo telefone. De meu gabinete da Agência Nacional, entrava na ligação direta que ele mantinha, às dez horas da manhã, entre seus escritórios, daqui e do Rio. Naquela época era difícil falar com a capital da República. Estávamos em guerra e era o tempo das "prioridades". Mas ele era um dos poderosos deste país, dispunha das comunicações difíceis: telefones, telégrafos, estrada de ferro e aviões. Este pormenor é necessário para informar que Roberto Simonsen conquistava todo mundo para as suas jogadas. E não há dúvida de que eu, também, deveria estar nelas. Minha colaboração era dedicada e consciente, pois o grande brasileiro falava em termos de interesse nacional e seus gestos tinham sempre empolgante beleza cívica.

Era eu diretor da Agência Nacional, posto importante, principalmente no governo forte do Estado Novo, regime instituído por Getúlio Vargas, com o apoio de nossas Forças Armadas. Por certo, minha função lhe interessava e muito. Mas eu não era apenas peça de seu xadrez, como também não eram outros seus companheiros. Percebi sempre que, na convivência com seus colaboradores de todas as dimensões, ele criava uma área de estima e afeto. Notava por mim: quando eu perdia situações políticas, sua amizade não se alterava.

Roberto Simonsen não era o tipo comum do homem dos negócios, álgido e bitolado à estreiteza de um mundo prático e oportunista. Não era, enfim, o tubarão como pareceu a muitos e a mim mesmo, até quando tive oportunidade de conhecê-lo pessoalmente, numa entrevista. Eu era um repórter jovem, petulante e imaturo. Ele respondeu as minhas perguntas com tal inteligência e compreensão humana, que [me] tornei seu admirador. Seus negócios não o dominavam. Seu poder econômico era apenas um dos prismas de sua vida em tudo brilhante. Na medida em que lhe merecia a estima ia se conhecendo novos aspectos de sua personalidade, que se abriam em faixas distintas, mas ligadas a vértice sábio e sóbrio de visão geral. Nesse ponto do ângulo morava o comando seguro de sua ampla, ativa, versátil e lúcida vida humana.

Admirável, curiosa e mesmo estranha personalidade do mundo econômico. Lembremos alguns fatos que o distinguiam, entre seus pares do poder econômico. Era espiritualista e chegava, às vezes, à superstição. Notei isso, quando me deu a "Oração" de Alex Carrel, com uma bela explicação sobre o valor dessa obra e o poder do espírito. Sabia ele que o mundo que a gente não vê é mais vivo do que o visível. Tanto é que não se esquecia de bater três vezes na madeira, quando necessário... Era generoso, nobre, trabalhador, estudioso e gostava de recepções e de política. Tinha dessa forma vivência em todos os assuntos e setores. Estava "por dentro" de tudo, como se diz hoje. Embora pertencesse à chamada classe rica, sua personalidade transpunha os limites da burguesia e alcançava uma grandeza permanente no espaço e no tempo. Assim como viveu entre operários, sacerdotes, políticos, artistas e intelectuais, conquistou as admirações e afetos que garantem a eternidade. Vários de seus amigos tiveram oportunidade de conhecê-lo na amplitude de seu espírito. Entre estes, ouvi muitas vezes falarem da grandeza do amigo: Guilherme de Almeida, Afrânio Peixoto, Cassiano Ricardo, Viriato Correia, Osmar Pimentel, Honório de Sylos, Múcio Leão e René Thiollier.

A personalidade de Roberto Simonsen tinha essa ampla abertura[,] mas, homem de tremendas responsabilidades, às vezes, precisava fechar-se no limite da legítima defesa. Era quando tratava com homens só configurados nos negócios, ou na política. Roberto Simonsen tinha sempre para cada um deles um rútilo florete.

São inúmeros os fatos que servem de pontos de referência para estudo de sua rica personalidade. Lembremos de mais alguns.

O Partido Comunista estava na legalidade. Num comício no Vale do Povo, como então se denominava o Anhangabaú, ao ser anunciada a palavra de Luís Carlos Prestes, houve de surpresa um maravilhoso espetáculo pirotécnico[,] que empolgou grande massa humana. Meia hora depois, estávamos em casa de Roberto Simonsen, vários amigos e alguns de seus familiares, quando chegou esbaforido o estimado padre Saboya de Medeiros[, qu]e disse: "Roberto, os comunistas estão nas ruas. Precisamos ir contra eles".

Roberto Simonsen, andando de um lado para outro, com as mãos nas costas, como era seu costume, responde pesadamente: "Contra não, padre, mas ao encontro. É só atender às reivindicações de justiça social que acaba tudo isso. Nosso povo não é comunista".

Houve muitos episódios em que demonstrou grande generosidade e que fez questão de mantê-los no anonimato. Testemunharam fatos dessa natureza sua eficiente secretária Edda de Franco, Miguel Helou e Conceição da Costa Neves, levada por mim, esta admirável senhora, quando diretora da Cruz Vermelha, ocasião em que iniciou sua benemérita e corajosa campanha em defesa dos hansenianos.

Edda, sua notável secretária, sabe de coisas maravilhosas nesse sentido. Muitas vezes conversamos sobre a bondade oculta do Dr. Roberto.

Outro fato memorável da vida de Roberto Simonsen: São Paulo estava em grande agitação política. Estudantes e populares feridos numa passeata. Um rapaz morto: Jaime Silva Teles. Alguns secretários de Estado haviam abandonado o posto. No Palácio dos Campos Elíseos, vejo o interventor Fernando Costa muito preocupado, mas dizia ao mesmo tempo: "Não tem nada não, o Simonsen me telefonou. Ele está comigo".

Eu, como diretor da Agência Nacional, desejava verificar se, de fato, se realizaria a solenidade comemorativa do aniversário do Estado Novo. Deveria falar sobre a data, 10 de novembro, na sessão solene do Teatro Municipal, o Humberto Reis Costa, representando as classes produtoras. Fui ao escritório de Roberto Simonsen à procura de confirmação. Naquele instante, um líder das classes conservadoras, pelo telefone, estava convidando o Dr. Roberto para uma revolução contra o governo federal. Ouço a resposta enérgica: "Vocês estão loucos. Hoje a situação seria muito mais difícil do que em 1932. Tirem isso da cabeça. Não contem comigo. O Reis Costa vai falar, hoje, no Municipal e eu estarei lá, ao seu lado".

Ser-lhe-ia mais fácil aderir à agitação política. Mas sacrificou-se pessoalmente. Correu o risco de antipatias, mas evitou uma revolução. Pouca gente sabe disso. Várias vezes ele assinalou sua presença na história de S. Paulo e do Brasil.

Certa vez, Roberto Simonsen teve uma audiência sobre assunto importante no Palácio do Governo. Ao sair, quando virou as costas, o governador Adhemar de Barros lhe dera "uma banana". O fato foi muito comentado pelos jornalistas e funcionários.

Dias depois, coisa curiosa, ironia do destino, Adhemar sofre a maior de suas várias crises políticas. Estava decidida a intervenção federal em São Paulo.

Roberto Simonsen estava no Rio tratando de assunto da Confederação Nacional da Indústria, quando soube da queda de Adhemar. Imediatamente reuniu outros líderes do poder econômico e, com eles, dirigiu uma representação ao Presidente da República, mostrando a importunidade daquela medida política. Assim, mais uma vez presente em nossa história, evitou a intervenção federal em São Paulo. Adhemar de Barros, que [,] entre defeitos, tinha também grandes qualidades, soube do fato e agradeceu-lhe comovidamente. Ficou realmente seu amigo para o resto da vida, como demonstrou até na hora da morte do grande líder.

Outro fato político histórico. O "Partido Trabalhista" e o "queremismo" estavam no apogeu. Hugo Borghi era o candidato ao governo de S. Paulo. Todo mundo estava certo de sua vitória. Os líderes das classes da[s], então, chamadas classes conservadoras estavam apreensivos. Pergunto a Roberto Simonsen sua opinião e ele responde: "Não tem perigo, já tranquilizei os inquietos" e deu uma risada. Dias depois, um grupo de líderes trabalhistas, sediado no Hotel Marabá, rompia com Hugo Borghi. E[,] para espanto de muita gente, Roberto Simonsen conseguia o Ministério do Trabalho para o seu companheiro e amigo Morvan Dias de Figueiredo, que foi um grande ministro, diga-se de passagem.

Roberto Simonsen era um homem que sabia lidar com os poderosos do dinheiro e da política. Certa vez, preparou-se um golpe contra a Federação das Indústrias. Não sendo possível derrubar

Roberto Simonsen, a tática seria liquidar a Federação. Seus inimigos criaram, na surdina, uma outra entidade da indústria.

Logo que soube da nova "Associação da Indústria Auxiliar de Guerra" fez-me um apelo: "Faça tudo que puder e evite a publicação. Preciso de tempo para tomar providência contra essa traição".

Na minha presença, de sua casa telefonou para o Rio. Eu ia retirando-me e ele disse: "Fique, quero lhe dar uma prova de confiança". Terminada a ligação falou: "Hoje e amanhã nada se pode fazer, mas[,] segunda-feira, eu arranco um decreto do Getúlio, proibindo a criação de qualquer nova entidade da indústria. Por isso, evite, por favor, qualquer publicação dessa gente".

Através da censura, impedi a publicação. E um só jornal que publicou, mandei apreender. Saiu o decreto que Roberto Simonsen havia pedido. Foi salva, então, a Federação das Indústrias do Estado de São Paulo. Tenho documentos desse caso. Honório de Sylos, então secretário-geral da FIESP e o grande ministro Marcondes Filho ficaram bem a par do episódio.

Hoje, temos uma indústria poderosa, mas custou muito sacrifício pessoal de Roberto Simonsen. A turma da mentalidade de que o Brasil era "país essencialmente agrícola" combatia a indústria de todos os meios, procurando até atingir o seu grande e invejado líder. Lembram-se das campanhas organizadas contra as nossas indústrias, e, entre estas, aquela do "lucro extraordinário"? A nossa indústria, que aí está e é o progresso e o orgulho do Brasil, deve a Roberto Simonsen até a vida. Dizia-se, na ocasião, à guisa de blague, parafraseando um verso da "Canção do soldado", que "Roberto Simonsen tinha amor fabril pelo Brasil". Blague honrosa, pois, era a mais lúcida forma de se ter amor ao engrandecimento do país. Até as piadas contra o grande líder o elevavam.

Há muita coisa curiosa para se contar dessa criatura extraordinária, mas não cabe neste espaço. Não resisto, todavia, ao desejo de narrar alguns fatos mais.

Na ocasião da luta pela sua eleição para a Academia Brasileira de Letras, Gustavo Barroso era um dos votos difíceis. Cassiano Ricardo já havia feito tudo e sabia que era voto perdido. Pedi então ao querido amigo Jorge Lacerda, mais tarde governador de Santa Catarina, que como integralista tentasse demover a resistência de seu correligionário. Pensava eu que os motivos fossem políticos. Jorge falou com o grande escritor e depois me disse ser impossível, porque o motivo era pior do que político. Era questão de mulher... Quando moços, Roberto, certa vez[,] tomara uma namorada de Gustavo. E ele não perdoaria nunca...

Roberto Simonsen, vítima de uma trombose[,] estava em estado grave no Sanatório Esperança. Não podia receber visita alguma. Na sala de espera[,] Dona Rachel e Robertinho falavam-me da situação do grande amigo. Naquele momento acabava-se de fazer uma ligação internacional para consulta.

Não sei como Dr. Roberto ficou sabendo de minha presença e mandou chamar-me. Entro temeroso, e ainda controlado pelo Robertinho. Vejo-o com aquela aparelhagem na cabeça. Ele, então, pergunta de Cassiano Ricardo: "Osvaldo, o Cassiano foi operado. Como está? Quero notícias dele, por favor".

Naquele estado, entre a vida e a morte, preocupar-se com um amigo. Com o fato inacreditável, fiquei até espantado.

Penso que por essas qualidades é que ele dispunha de outras áreas não alcançadas pelos seus concorrentes. Tinha amigos e colaboradores inesperados, porque sua espiritualidade sabia investir também o coração, esse grande capital ocioso.

Tinha, por isso[,] amigos voluntários em todos os setores. Eram garçons, operários, funcionários, telefonistas, padres, militares, intelectuais e artistas.

A propósito: numa ocasião estavam alguns de seus inimigos numa sala do Automóvel Clube preparando-lhe um golpe. Mas Roberto Simonsen teve tempo de prevenir-se, porque um pacato garçom, seu amigo, pelo telefone, ia lhe pondo a par da conversa traiçoeira.

Uma vez em que fui ao Cemitério da Consolação, aproveitei a ocasião para visitar seu túmulo. Ali vi um conhecido, que devia estar orando. Fingi não vê-lo e fui para o outro lado do jazigo. Logo o cidadão veio falar-me. Perguntei se também tinha sido amigo de Roberto Simonsen. Respondeu-me que não tivera essa felicidade.

Esperei que ele me contasse porque estava ali orando. Não tardou e me disse: "Roberto Simonsen era um espírito de luz. Gostaria de ter convivido com ele. Várias vezes o recebemos em nossas reuniões. Agora faz tempo que não vem. Deve ter outra missão".

"São raros esses espíritos iluminados. Sua força continua atuando na terra muito tempo depois da morte. E percebi muito sua presença. Não sei se você me entende". Só ouvi. Depois mudamos de assunto, e ele se foi.

Eu fiquei pensando no caso do estranho admirador, que não conhecera Roberto Simonsen pessoalmente. Vieram-me, então[,] muitos pensamentos. Lembrei-me dos mistérios que envolvem a criatura humana, principalmente quando vive não apenas a vida que lhe ocupa o corpo, mas também a que o integra. Essa vida imensa e bela, surpreendida desde o espaço de um bilionésimo de segundo da partícula elementar até o que se esconde nos universos paralelos e pode dar à criatura humana intimidade com as estrelas e com Deus.

O amigo estranho de Roberto Simonsen deixara em mim a advertência shakespeariana dos mistérios que há entre o céu e a terra. Pensei que há criaturas cuja vida é energia, luz, fluente daquela unidade espiritual onde o corpo se confunde com a alma. Essas criaturas são como a chama: mesmo extintas deixam um calor humano. Ficam na lembrança de uma claridade espiritual, na memória de um afeto e no eco de uma harmonia do homem com o universo.

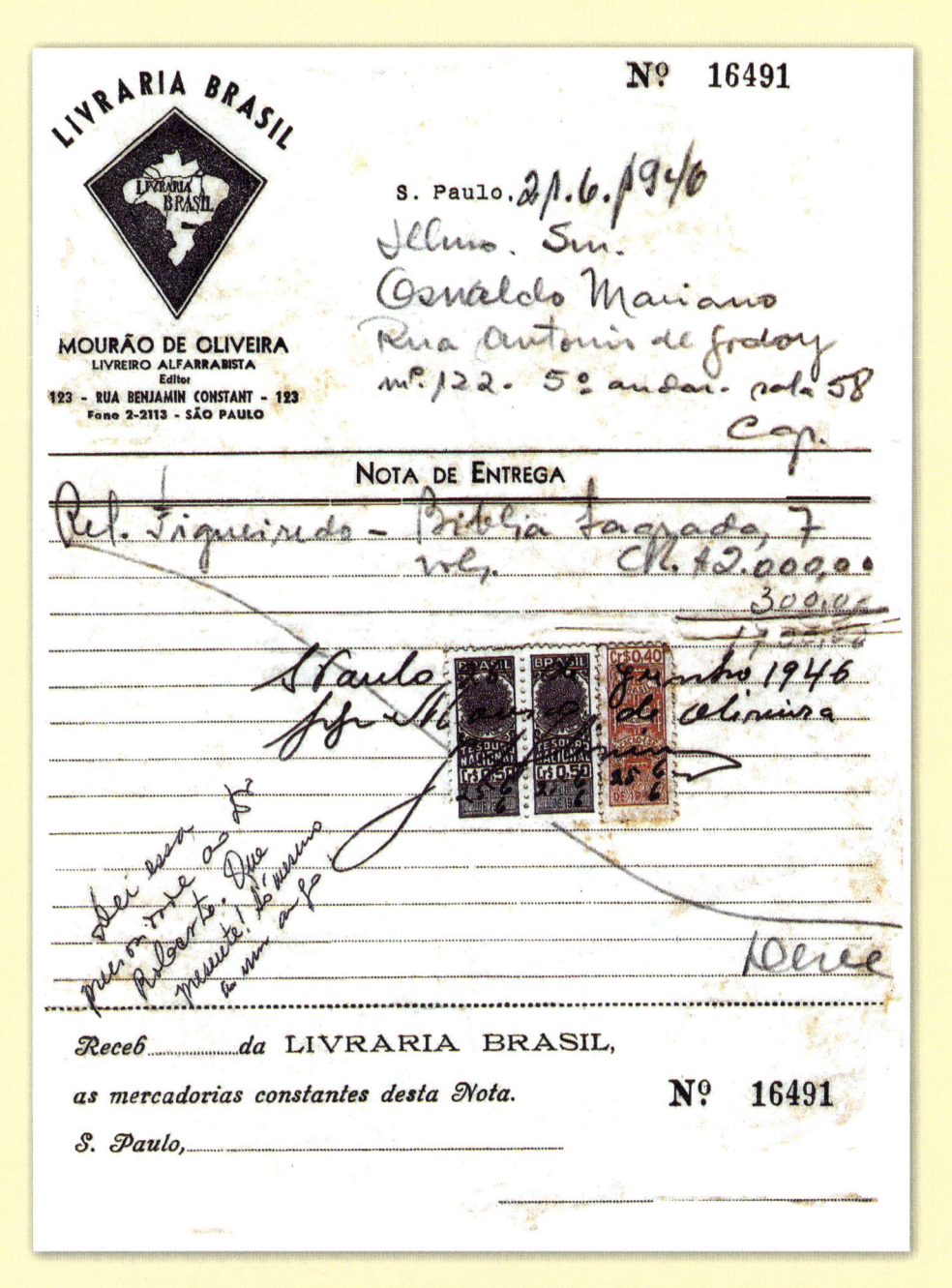

Nos idos de 1946, quem sabe para retribuir-lhe alguma cortesia, Oswaldo Mariano presenteou Roberto Simonsen com a edição portuguesa da Bíblia Sagrada em sete volumes, que lhe deve ter custado caro, pois na nota de compra anotou: "Dei essa preciosidade ao Dr. Roberto. Que presente! Só mesmo a um amigo!".

Essa simples nota fiscal atesta a existência da Livraria Brasil, então à rua Benjamin Constant. Aparentemente são escassas as informação sobre ela, pois a dedicação de Ubiratan Machado não pôde consigná-la em seu Pequeno guia histórico das livrarias brasileiras (São Paulo: Ateliê, 2009).

BR/G - 11.168/68

MINISTERIO DO TRABALHO E PREVIDENCIA SOCIAL

GABINETE DO MINISTRO

Brasília, 21 de março de 1968

Ilmº. Sr.
Dr. Theobaldo De Nigrés
MD. Presidente da Federação das Indústrias do
Estado de São Paulo
São Paulo-SP

Prezado Dr. De Nigres,

    Ao tempo em que o cumprimento, agradecendo as manifestações de apreço recebidas reiteradamente dessa Presidência, venho solicitar a gentileza de sua atenção para com o Dr. OSVALDO MARIANO, jornalista com larga fôlha de serviço à Imprensa Nacional ; servidor público com desempenhos em diferentes e importantes setores; intelectual com livros publicados e cursos superiores concluídos em diversas unidades, - empresta êle no momento a sua colaboração à Superintendência do SESI paulista. As razões que o levam a sua presença serão por êle expostas de viva voz.
    Pelo atendimento que lhe der, agradeço antecipadamente.
    Cumprimenta-o cordialmente,

JARBAS G. PASSARINHO

/tmgf.

Transcrição de texto manuscrito de Oswaldo Mariano, sem título

Na imprensa, ser comunista ativo ou simpatizante não é novidade. Em 1928, quando iniciava minha atividade jornalística na capital, já era quente ser da esquerda, ou "legal", conforme a gíria de hoje. Conheci e fiz amizade com figuras famosas, principalmente através de meu chefe de revisão do *Diário de S. Paulo* e grande amigo Geraldo Ferraz [Gonçalves]. O Gonçalves, como era também chamado, secretariava a *Revista de Antropofagia* e a página que mantinha naquele jornal. Convivia com seus dirigentes e colaboradores, como Oswald de Andrade, Jayme Adour Câmara, Raul Bopp e Tarsila do Amaral. Outros ainda na sua convivência profissional, como Edgard Leuenroth, Antônio Mendes de Almeida, o "Pacha", Brasil Gerson, e em 1931 a jovem e bela Patrícia Galvão, a "Pagu", que começava a entrar na História pelo seu destemido humanismo e invulgar inteligência.

Convivendo com figuras que mereciam respeito e admiração, era natural que eu me influenciasse pelas ideias que pregavam. Assim, era contra os poderosos do governo e da sociedade. Participava eu da "canalha das ruas", como eram chamados os agitadores que faziam comícios. Naquelas bagunças que iam tomando conta do país, havia muitos idealistas, mas a maioria, os oportunistas, dominaram nas decepcionantes revoluções. Essa história de república nova, "tenentismo", comunismo e integralismo ficará para outro capítulo.

Veio a Revolução de 30, que deu aquela "república nova", cuja podridão começou a perturbar a nação. Estourou então a Revolução Constitucionalista de [19]32. Foi uma epopeia de heroísmos inéditos. Tomei parte como soldado combatente do Batalhão Universitário "14 de julho". Os comunistas não tomaram parte, nem a favor nem contra, ficaram no muro. Dizem que os operários não participaram. Não é verdade. Todos não foram para os campos de batalha porque muitos eram necessários na retaguarda, na indústria bélica.

Eu era um dos jovens ambiciosos, idealistas que, como sempre, "não sabem bem o que querem, mas sabem o que não querem". Sonham com uma utópica igualdade social que dá decepcionantes revoluções e repúblicas novas irrenováveis. O fato é que, sob a influência de um meio cultural[,] tinha meus rancores comunistas. O "Cavaleiro da Esperança" ainda caminhava no meu subconsciente contra governos e a classe rica.

Como repórter, fui certa vez, em 1933, encarregado de entrevistar o tubarão Roberto Simonsen. Tinha certa prevenção contra ele e seu irmão Wallace, por uma onda levantada na imprensa que falava sobre um "câmbio negro do café", fato que, mais tarde, me foi claramente explicado pelo meu conterrâneo e amigo, o notável economista Pedro Pedreschi. Foi um negócio lícito, que motivos puramente políticos deram rumor de escandalosa negociata.

Fui ouvi-lo sobre outros assuntos que não vêm ao caso, mas com as minhas explicáveis prevenções. Minha prevenida antipatia foi-se diluindo. Surpreenderam-me sua cordialidade, inteligência e grande conhecimento dos problemas brasileiro[s]. Aprendi muita coisa com ele. Não tive outra oportunidade de encontro pessoal. Suas notícias, como de outras figuras de nosso mundo social e político, eu sabia através dos jornais.

Muito mais tarde, quando eu era diretor da Agência Nacional, encontramo-nos novamente. Não estranhem: participava eu do governo de Getúlio Vargas, como outros jornalistas, intelectuais e artistas. Não era mais o Getúlio que combati de armas nas mãos e sofri prisões. Já se ensaiava o Getúlio que se imortalizaria no suicídio e na carta-testamento.

A Agência Nacional estava ligada ao DIP e dominava todos os meios de comunicação. Não por opressão, mas por superação e com a colaboração agradecida e provada de todos os jornais. Isso é outra história a que acrescentarei, quando fizer revelações curiosas sobre o DIP e sua censura. Esse diabo não era tão feio como o pintam. A realidade real é bem diferente da aparente que pintaram. Vejamos noutro capítulo, o avesso da história e seus beneficiados. No comando da AN dispunha eu de poder e importância na imprensa. Nessa altura tive a oportunidade de conviver com Roberto Simonsen, então presidente da Federação e dos Centros das Indústrias do Estado de São Paulo. Nessa época era secretário-geral dessas poderosas entidades de classe o escritor e jornalista Honório de Sylos. Antes de continuar, convém abrir aqui um parêntese para uma curiosa observação. Falamos em classe industrial que vem mudando sua adjetivação conforme a evolução política e social dos tempos. Antes ela se chamava classe conservadora, depois classe empresarial, hoje classe produtora.

O Honório, com sua habilidade e inteligência correspondentes ao seu alto cargo, sempre estendendo e aumentando o prestígio do setor industrial para o bem do país, aproximou o diretor da Agência Nacional do presidente da Federação das Indústrias. Assim, por sugestão de Honório de Sylos, começou Roberto Simonsen a convidar-me para algumas reuniões da Federação das Indústrias. Essa aproximação deu ótimos resultados. Eu passei a conhecer melhor um dos maiores homens deste país, e a importância da indústria, principalmente naqueles tempos em que a Segunda Guerra Mundial estava no seu ponto mais grave.

Retribuí à altura a atenção da operosa e patriótica convivência. Entre os serviços que prestei à Federação das Indústrias, houve um muito importante: ajudei a impedir que fosse criada outra entidade industrial, cujo objetivo era enfraquecer a existente, e havia apenas interesse político. Roberto Simonsen pediu-me: "Impeça qualquer notícia sobre o assunto até que eu consiga um ato de Getúlio proibindo a manobra dessa gente". Deu-me uma prova de confiança. Na minha frente telefonou ao presidente da República.

Conseguiu. Saiu um decreto impedindo a criação de qualquer entidade industrial.

Na história da sobrevivência do Centro e da Federação das Indústrias estão Roberto Simonsen, Honório de Sylos e eu. Guardei algumas provas dessa batalha oculta porque foi uma curiosa e empolgante briga de tubarões.

Atendendo ao pedido de Roberto Simonsen para salvar a Federação e o Centro das Indústrias que aí estão, poderosos e prestando grande serviço à nação, tomei rápidas providências. Falei com o diretor da Divisão de Imprensa do DEIP, João Baptista de Sousa Filho, a quem estava também subordinado o Serviço de Censura. A ordem proibindo qualquer notícia sobre nova entidade industrial foi transmitida a todos os jornais. Mas, ainda assim, fui pessoalmente ver se a ordem fora cumprida. Tudo bem, mas apenas um jornal já estava começando a rodar. Mandei parar a rotativa e raspar o chumbo. Saiu rasurado. Tenho um exemplar.

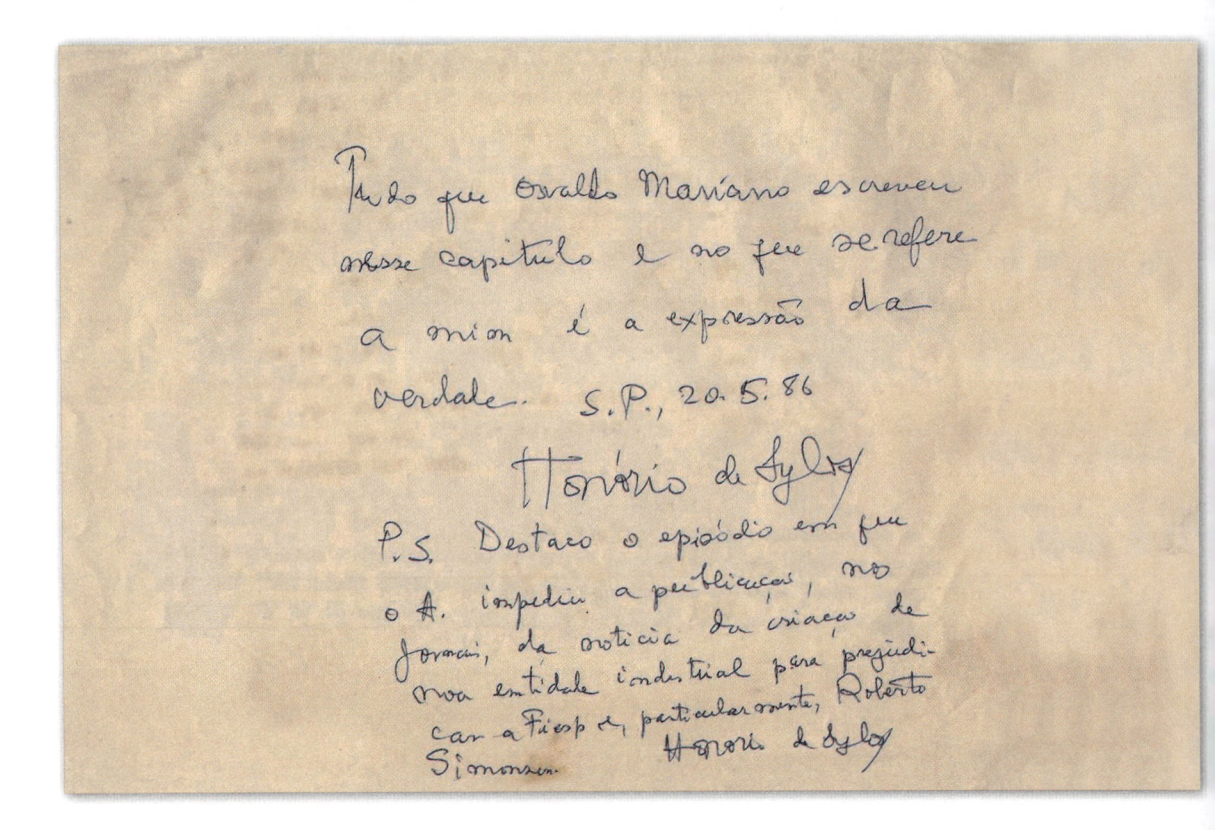

A Noite, *São Paulo, 7 de setembro de 1942, p. 3, como saiu o comunicado depois de raspadas as chapas de impressão do único jornal que já iniciara a impressão...*

... *e como era para ter saído o comunicado integralmente.*

Os amigos mortos

Oswaldo Mariano

Nas nossas conversas falamos sempre sobre os vivos e "vivos". Vamos também bater um "papo" sobre os mortos. Eles têm vez. Não se assustem. O assunto é sério, mas vou colocá-lo num tom fraterno e até de brincadeira, que possibilitará um dialogo agradável para eles e para nós. Refiro-me a dialogo, porque é hoje a palavra de todas as transas. Uso o termo mortos que não é o certo, porque só posso me valer da linguagem conceitual estabelecida. Quero falar de todos que sairam desta vida, principalmente, no ano que acaba de findar. Não citarei nomes, porque são muitos. Tocarei no assunto de modo geral. Foi um ano duro. Perdi muitos amigos e de grande valor espiritual: uns pelas suas qualidades intelectuais, outros pelas do coração e alguns que somavam essas qualidades. Muitas tristezas e delas procurei escapar. Pensando bem, verifiquei que o caso não era tão lastimável, porque o que interessa é a vida absoluta e não a relativa. Aliás, não gosto desse adjetivo, que nos limita a um formal cheio de imposições. A vida limitada ao sistema somático não é interessante. Não estou fazendo conotações. Estou me referindo mesmo ao sistema humano, ao qual acho que não devemos ficar restritos. Para explicar melhor farei comparações. Se nosso espírito morar apenas na residência térrea e, às vezes de um só cômodo relativamente pobre, a vida será amarga. Imaginem o que acontece quando os elementos climáticos se revolucionam e dão raios, ventanias e enchentes. Não há para onde fugir. Um "cara" pode morar num palácio e ter um espírito favelado. O inverso, também, pode ser verdadeiro. É o caso de certos pobres materialmente, que são dotados de inalienável riqueza espiritual. O certo, então, é entender aquela lição bíblica: "Na casa do meu Pai há muitas moradas". É preciso procurá-las, construindo na gente mesmo em "duplex" ou "multiplex". Daí, se acontecer algo desagradável, não se fica na "fossa", hoje tão comum. Há onde se abrigar. Aquelas alturas dão segurança, horizontes maiores e paisagens mais belas.

Os amigos que morreram, não, que decolaram da limitação humana, estão sobre nós. Lembrando do que fizeram de bom e de belo, saberemos que alcançaram a vida total, eterna. Aprenderemos com eles que a vantagem é não morrer. Parece isso um contra-senso, mas explica-se. O negócio é tentar conseguir a vida integral começando por esta, construindo novos espaços para o espírito. Enquanto a liberdade não chega, temos que amenizar a carcassa, que nos escraviza a muitas imposições, até de horários. Por exemplo: o corpo, quando cansado, é obrigado a repouso, isto é, dormir, a fechar por várias horas o estabelecimento da condição humana. O ideal é funcionar sem dia, nem noite, sob as outras luzes, que ainda nos são intereditas.

Agora, depois de todo este "papo" sobre o caso dos amigos que se foram, não sei mais se o ano de 77 foi bom, ou mau. No meu andar terreo fico curtindo tristezas, saudade deles, mas se meu pensamento subir para outros planos, acho que devemos glorificá-los.

SESI 50 anos

Oswaldo Mariano

Li no "O Santarritense" notícias comemorativas do cinquentenário do SESI. A leitura deu-me uma definida e infinita visão dessa instituição. Levou-me à sua gênese, criação, e a seu genial criador Roberto Simonsen. Podemos, através de suas realizações atuais, prever outras futuras tão belas, pela onipresença de seu criador. Roberto Simonsen é um exemplo parâmetro de como o espírito divino, que há em toda criatura humana, pode revelar-se. Há notáveis depoimentos que comprovam. Quando ele morreu, no dia 28/05/48, discursando na Academia Brasileira de Letras, caiu de pé caminhando na sua eternidade. Escreveram, assim, os imortais poetas Menoti Del Picchia, Cassiano Ricardo e também o grande jornalista Assis Chateaubriand, num longo e memorável artigo no "Diário de São Paulo". Rememorou toda a trajetória da vida desse Mauá do século vinte, como foi denominado. Lembrou quando ele foi colaborador de outro engenheiro civil, que foi o mais famoso ministro da Guerra, Pandiá Calógeras, que não era militar. Era civil. Mais tarde, ele foi demitido por motivos, cujas explicações não cabem aqui. Pandiá, seu amigo, foi seu companheiro e protegido em grandes empreendimentos. Conta esse fato também Assis Chateaubriand, que conviveu com eles. Roberto Simonsen tinha visão de todos os problemas do Brasil. Trabalhava, então, numa engenharia social, política, econômica e intelectual. Conheci-o quando criou o SENAI, o SESI, a Escola de Sociologia e Política e idealizou a fundação da P.U.C.. Essa Pontifícia Universidade Católica foi planejada, numa reunião realizada na sede antiga da FIESP, à rua 15 de Novembro, com a presença do Cardeal Dom Carlos de Vasconcellos Motta. Além de tudo isso, começou a estudar e desenvolver uma tese para a criação de um Direito Social Internacional.

Roberto Simonsen mais do que inteligência tinha premonitória clarividência política. Há fatos históricos que devem ser pesquisados. Evitou, por exemplo, uma inoportuna queda do governo Adhemar de Barros. Já estava acertada uma intervenção federal com Noveli Júnior, genro do General Eurico Gaspar Dutra. Outro caso importante de nossa história. Num 10 de novembro, grande agitação nas ruas com vários estudantes feridos e um jovem Silva Telles morto. Planejava-se uma nova revolução, como a de 32. Brasílio Machado Neto, presidente da Federação do Comércio, telefonou para o Dr. Roberto. Eu estava no seu escritório, ouvi a conversa. Dr. Roberto além de contrariar o Brasílio pediu sua ajuda para apaziguar os ânimos. Brasílio Machado costumava não só ouvi-lo, como também o imitava. Dr. Roberto criou o SENAI e o SESI. Logo depois, o Brasílio criou o SENAC e o SESC.

Voltemos às comemorações do cinquentenário do SESI, hoje, também, funcionando em nossa terra. Além de muito interessantes, ativas, são tão significativas que caminham no espaço e no tempo. Tanto é que levaram longe meu pensamento. Estou provando, pelo que vocês estão lendo. O SESI está ampliando as suas realizações sociais, artísticas e culturais. E não é para menos, porque o atual superintendente do SESI, Felício Castellano, é o mais eficiente que São Paulo já teve. Só poderia ser, assim, porque é um intelectual, que já foi deputado e Secretário do Estado.

O SESI, serviço social da indústria, quando Roberto Simonsen o criou, pegou sua longa história que tem perspectivas futuras, umas do passado e outras curiosas. Estão em seu conteúdo, merecem um estudo. Vamos dar uns "flashes". O Brasil era conhecido como essencialmente agrícola e, se parasse por aí, não teria o progresso de hoje. Era preciso criar um órgão que defendesse e promovesse a industrialização. Em 1928, Roberto Simonsen, Conde Francisco Matarazzo, Horácio Lafer, Jorge Street, José Ermínio de Morais, Octávio Pupo Nogueira e Antônio Devisate criaram o CIESP.

Para amenizar esta leitura, vamos abrir uns parênteses. Os inimigos, ou os que não entendiam a dedicação de Roberto Simonsen à indústria, à fábrica parodiavam a "Canção do Soldado", dizendo que ele tinha um amor fabril pelo Brasil. Assim, quem fazia essa piada dava-lhe uma flechada que acertava na meta. O Brasil precisava de amor febril, mas fabril.

Outro ponto de vista certo de Roberto Simonsen, verificamos numa reunião em sua casa, onde eram frequentes entre tantos amigos o poeta Guilherme de Almeida. Uma noite chega de repente o padre Saboya de Medeiros, esbaforido e diz: "Roberto: os comunistas estão realizando um comício monstro no Vale do Anhangabaú. Precisamos fazer alguma coisa para ir contra essa gente". Dr. Roberto Simonsen respondeu: "ir contra não padre, mas ir ao encontro".

O SESI cuida muito do trabalhador. Deverá, então tomar como exemplo seu criador. Toda a sua vida foi e sempre será um exemplo de trabalho. Lembremos o jovem pobre Roberto, que trabalhava para manter-se nos estudos. O saudoso Odilon de Souza, que foi um dos directores da Light, hoje Eletropaulo, contou-me que foi seu aluno no antigo colégio Anglo Brasileiro. Formando como o mais jovem engenheiro que passou pela Escola Politécnica, foi o pioneiro da urbanização de Santos. Quando o poeta Olavo Bilac fez a propaganda para criação do serviço militar obrigatório, era necessário que o Brasil tivesse muitos quartéis. Roberto Simonsen atendeu ao ministro da Guerra, seu amigo Pandiá Calógeras e promoveu construção dos quartéis. Nessa ocasião conheceu e tornou-se amigo do tenente Luis Carlos Prestes, que inspecionava obras do exército.

É impressionante a capacidade de trabalho desse homem, que sobrevive até hoje, nas suas criações que entrarão no sentido de um suicídio romano, como disse Assis Chateaubriand. Sabendo que ia morrer foi em frente. Queimou-se na última chama de seu combustível cívico.

É natural, como sabemos, que os industriais reclamam de tantos impostos cobrados. Mas, o pago pelo SESI é, talvez, o único bem aplicado. É o que tem retorno de fato e os abstratos, como vimos neste estudo.

Estas memórias são uma contribuição para as histórias do SESI de Santa Rita, minha terra.

Roberto Simonsen e Oswaldo Mariano.

S. Paulo 8.6.45

Meu caro Hermi.

Rogo entregar em mão

ROBERTO SIMONSEN
Presidente da Federação das Industrias do Estado de São Paulo

a carta junto ao D. Fernando. É sobre a casa de Marianno, que estou

em vias disso.

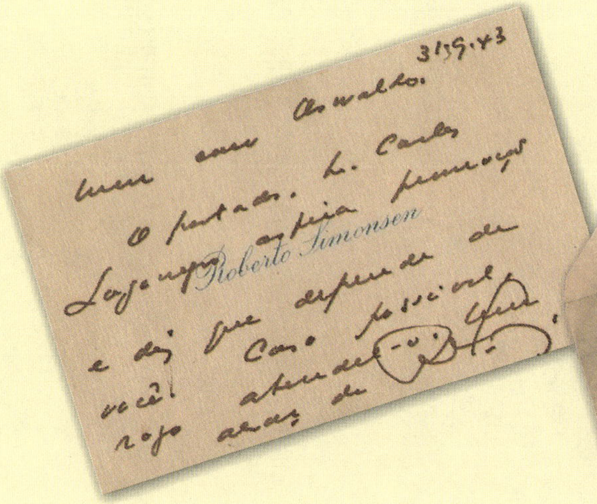

[Handwritten note:]

3/3/43

Meu caro Osvaldo,

O portador, L. Carlos Lafayette, antigo funccos e diz que depende de você. Caso possível, rogo atender. Abraços de
Roberto Simonsen

[Envelope:]

L. Osvaldo Aranha
E/m.

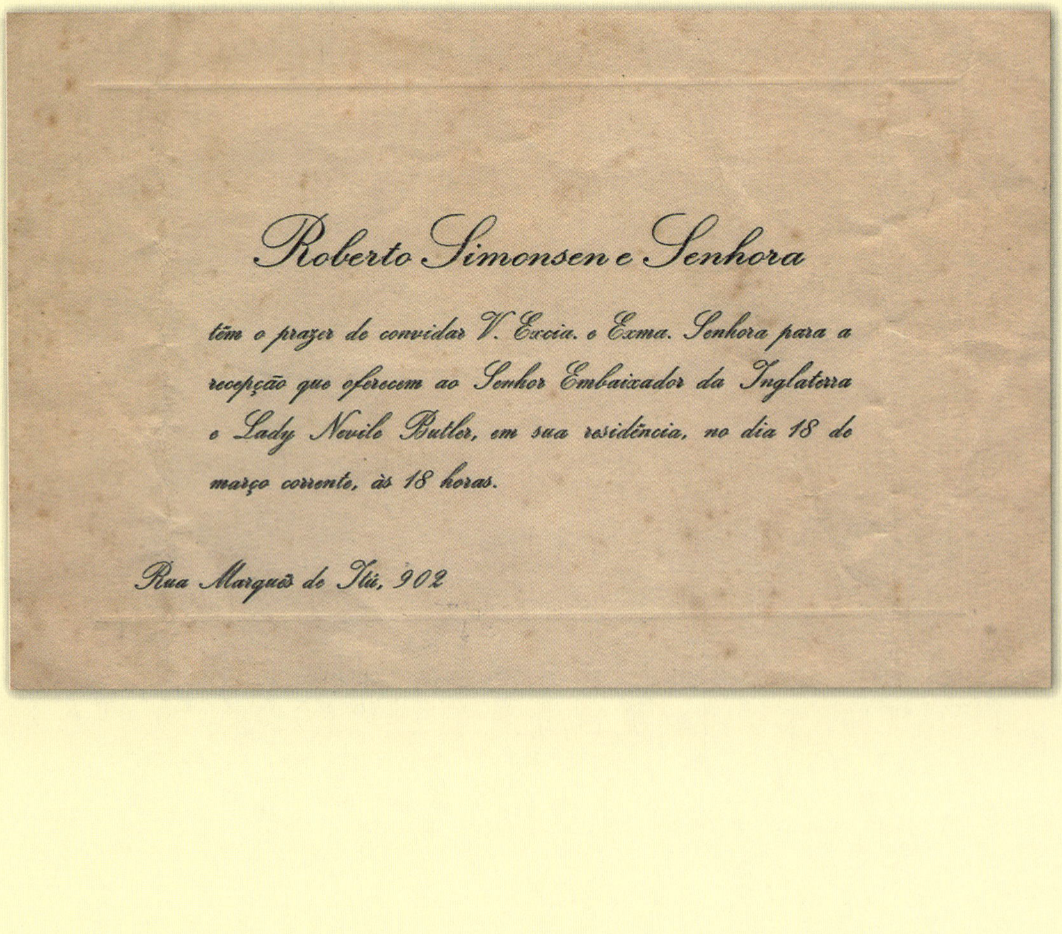

Roberto Simonsen e Senhora

têm o prazer de convidar V. Excia. e Exma. Senhora para a recepção que oferecem ao Senhor Embaixador da Inglaterra e Lady Nevile Butler, em sua residência, no dia 18 de março corrente, às 18 horas.

Rua Marquês de Itú, 902

Almirante Jonas Ingram, Rachel Simonsen, Roberto Simonsen, Fernando Costa, Secretário Melo e Oswaldo Mariano.

O Almirante Jonas Ingram, Comandante das esquadras aliadas do Atlântico Sul, em visita a São Paulo, é recebido na residência de Roberto Simonsen. Na foto: Oswaldo Mariano, Armando Arruda Pereira, Roberto Simonsen, Almirante Ingram, Srta. Moraes Barros e Donana Alves Lima.

Pereira Braga

BANDEIRANTES
DO
COMÉRCIO DE SÃO PAULO

(subsídios para a história da vida comercial de S. Paulo).

1944

Bandeirantes do comércio de São Paulo, *de Pereira Braga, 1944. Folheto datilografado, com a seguinte anotação manuscrita: "Trabalho que o Dr. Roberto me pediu para conseguir. Isso tinha um fim. Estava na briga da Associação Comercial com a Federação das Indústrias". Como o conteúdo de cada página é curto, reproduzimos o texto de forma corrida.*

INTRODUÇÃO

Notas explicativas das razões desta publicação. Isto é como uma despretenciosa contribuição para uma futura História do Comércio em nosso Estado e das suas relações com as atividades públicas de nossa gente.

Aliás, é uma publicação que se faz sentir na intensidade agitada de nosso mundo econômico e financeiro, não só pelo que possa colaborar no estudo de nossa geografia humana mas, também, no sentido da justa valorização de suas grandes figuras, que em prestaram ao progresso de nosso Estado e do Brasil todo o seu trabalho e toda a sua inteligência.

Como era a vida comercial de São Paulo, no princípio dêste século.

A situação econômica.

Os maiores estabelecimentos.

Os novos ramos de comércio que foram aparecendo, suas dúvidas, hesitações, progressos.

Os gêneros de comércio que desapareceram.

Fundação da Primeira Associação Comercial,
em 1904.

Porque nasceu a necessidade, ou, como nasceu apenas a idéia de os comerciantes se associarem ?

Quem teve a iniciativa ?

Quais eram os seus diretores, e, se possível, a lista dos sócios.

Porque desapareceu a Primeira Associação
Comercial e como reapareceu em 1914.

O que fez essa Associação; seus sócios, ou mesmo algum comerciante nos trabalhos cívicos ou assistenciais, durante a guerra 14-18.

Como a guerra de 14-18 refletiu moral e
economicamente no comércio de S. Paulo ?

Fatos curiosos ou pitorescos da vida
comercial de S. Paulo no 1º quartel
do século.

As grandes figuras do nosso comércio

Dados sôbre a vida de cada um dos comerciantes mais antigos ou mais importantes de S. Paulo.

Se possível, alguma fotografia.

por exemplo: Sampaio Moreira, Casa Clark, Loja da China, Loja do Ceylão, Loja do Japão, Casa Baruel, Confeitaria Viaduto, Confeitaria Fasoli, Confeitaria Guarany. (neste particular poder-se-à, talvez, falar sôbre o pitoresco e o ilustre de sua frequência.

O comércio cinematográfico. Os antigos cinemas que desapareceram e suas famosas orquestras.

Reminicências
das festas religiosas (Natal
(Semana Santa

das festas populares (Carnaval
(S. João

das festas cívicas,
e suas relações com o comércio.

Por exemplo: preparação ou outros fátos, na ocasião do Natal, Semana Santa, S.João, Carnaval.

Essas festas estão perdendo seu interêsse e seu entusiasmo, consequentemente seu comércio diminuiu. Logo, será interessante contar como eram antigamente.

(1942)

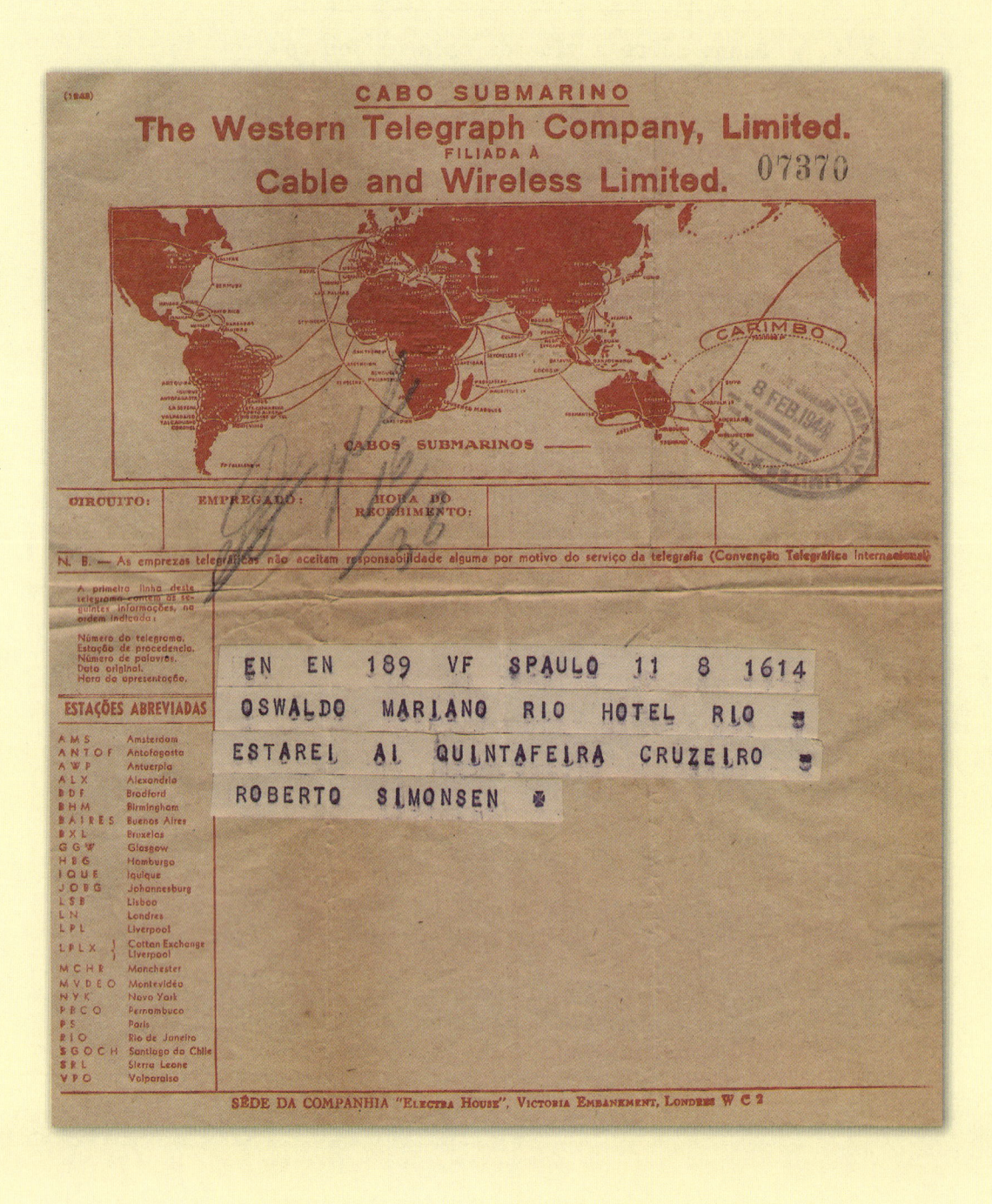

CABO SUBMARINO
The Western Telegraph Company, Limited.
FILIADA Á
Cable and Wireless Limited.

Nº 07370

CARIMBO — 8 FEB. 1944

CABOS SUBMARINOS

CIRCUITO:	EMPREGADO:	HORA DO RECEBIMENTO:

N. B. — As emprezas telegráficas não aceitam responsabilidade alguma por motivo do serviço da telegrafia (Convenção Telegráfica Internacional)

A primeira linha deste telegrama contém as seguintes informações, na ordem indicada:

Número do telegrama.
Estação de procedencia.
Número de palavras.
Data original.
Hora da apresentação.

ESTAÇÕES ABREVIADAS

AMS	Amsterdam
ANTOF	Antofagasta
AWP	Antuerpia
ALX	Alexandria
BDF	Bradford
BHM	Birmingham
BAIRES	Buenos Aires
BXL	Bruxelas
GGW	Glasgow
HBG	Hamburgo
IQUE	Iquique
JOBG	Johannesburg
LSB	Lisboa
LN	Londres
LPL	Liverpool
LPLX	Cotton Exchange Liverpool
MCHR	Manchester
MVDEO	Montevidéo
NYK	Nova York
PBCO	Pernambuco
PS	Paris
RIO	Rio de Janeiro
SGOCH	Santiago do Chile
SRL	Sierra Leone
VPO	Valparaiso

```
EN  EN  189  VF  SPAULO  11  8  1614
OSWALDO  MARIANO  RIO  HOTEL  RIO =
ESTAREI  AI  QUINTAFEIRA  CRUZEIRO =
ROBERTO  SIMONSEN *
```

SÉDE DA COMPANHIA "ELECTRA HOUSE", VICTORIA EMBANKMENT, LONDRES W C 2

2.
ROBERTO SIMONSEN, ESCRITOR, PENSADOR

Textos de Simonsen ou sobre sua obra encontrados entre os guardados de Oswaldo Mariano.

PAULISTANO

DE CAMAROTE

IDÉIAS DE SIMONSEN

ROBERTO Simonsen morreu na tribuna da Academia Brasileira, a 25 de maio de 1948.

A' medida que os dias passam, amplia-se sua figura de homem de ação e pensamento. E' natural que, visto à distancia, seja melhor compreendido. Só o recuo do tempo nos dá a necessaria serenidade para julgar cenas das quais fomos tambem protagonistas.

Deixando de lado, nesta nota, o politico, o capitão da industria, o homem de negocios, facil será ressaltar o intelectual e sua usina de idéias, e seu humanitarismo.

Quando vivo, muita gente não acreditava no seu admiravel espirito público, só admitindo sua ambição — ambição, diga-se de passagem, natural em um individuo de sua inteligencia, cultura e extraordinaria capacidade de trabalho. Hoje, não é dificil medir a sinceridade de sua obra.

Foi iniciativa de Simonsen a organização, no Brasil, da I Junta de Conciliação, formada de empregadores e empregados.

Em 1934, pela primeira vez, na carta constitucional de um pais, por sugestão sua, foi incluida, na Carta Magna, a obrigação do levantamento periódico, por parte dos poderes públicos, dos niveis de vida, nas várias regiões.

Justificando essa feliz iniciativa, acentuou o autor da "História Econômica do Brasil" a necessidade de terem os governantes, permanentemente, sob seus olhos, a carta (espécie de bússola) das condições de vida das populações, a fim de que constituisse sua constante preocupação.

Compreendia o saudoso brasileiro que a elevação dos niveis de vida dependia de fortes iniciativas de ordem econômica, que não deveriam ser proteladas, para não agravar, continuamente, as "disparidades flagrantes"

Não ignorava Simonsen que o nosso grande mal, attingindo todas as classes, principalmente, a dos trabalhadores, é a "insuficiencia de ganho", que não decorre, aqui, de um problema de distribuição, mas, sobretudo, do problema da produção. A pobreza é decorrente da insuficiencia da produção, do atraso e da instabilidade do meio.

Batia-se o ilustre homem público por uma justa remuneração do trabalho e condenou, com palavras severas, a desesperada corrida atrás da riqueza, a concorrencia sem peias, o materialismo sem finalidades espirituais.

Não cultivava o publicista a ilusão de uma possivel igualdade social e material entre os homens: a hierarquia social, que se estabelece em função da capacidade dos valores individuais, nunca poderá — dizia — desaparecer, em harmonia, aliás, com tudo quanto se observa na natureza. Reconhecia, no entanto, que essa hierarquia não implicava, de forma alguma, a ausencia de uma rigorosa justiça social.

As idéias de Simonsen, que estão no bojo de seus livros, de seus discursos, pareceres e rascunhos inéditos, reclamam um escritor ilustre, que, reunindo um vasto e precioso material, poderá, num ensaio magnifico, pôr em relevo, não apenas a personalidade singular desse homem, mas o roteiro que traçou com aquela inspiração de quem adivinhava o nosso futuro.

S.

Recorte do Correio Paulistano *não datado.*

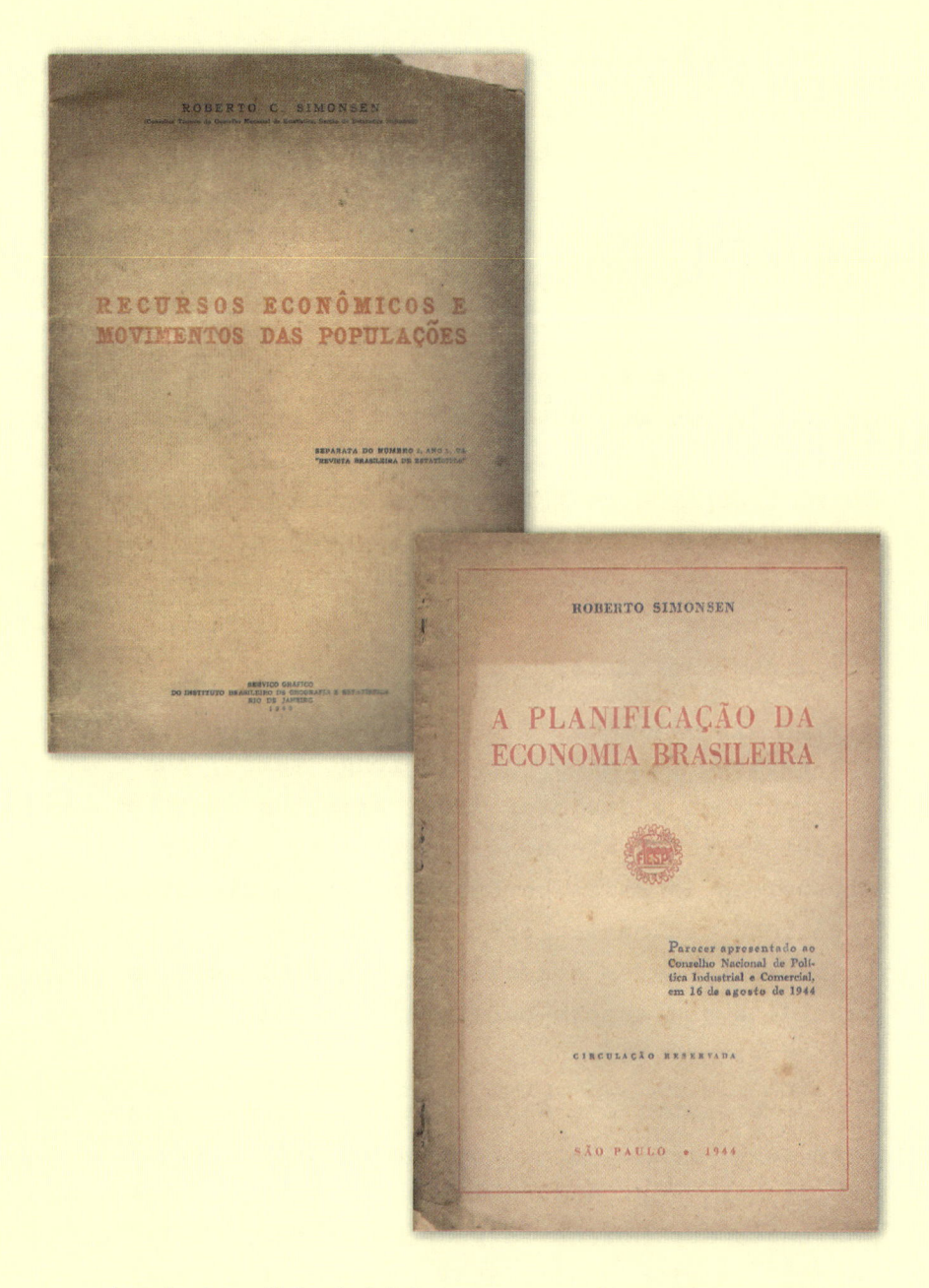

*As primeiras edições de dois importantes estudos que estavam entre os guardados de Oswaldo Mariano. A S*ESI*-SP Editora pretende reeditá-los oportunamente em edição fac-similar.*

O DIREITO INTERNACIONAL SOCIAL
NO CONCEITO DE ROBERTO SIMONSEN

ROBERTO SIMONSEN, saudoso presidente do Centro e Federação das Indústrias do Estado de S. Paulo e senador da República, em tres decádas de pensamento e ação de homem público afeito ao estudo e à investigação dos problemas brasileiros construiu, no documento que aquí apresentamos, os princípios basilares de uma nova doutrina.

O Direito Internacional Social, nele esquematizado, podemos antecipar com desvanecido orgulho, constituirá no futuro, que esperamos seja preve, uma nova disciplina no intercâmbio entre os Estados. Visa, sobretudo, através do reconhecimento das diferenças sociais e econômicas dos povos assegurar, além da igualdade jurídica, tratamento equânime nas relações internacionais.

A história das nossas entidades, presididas por Roberto Simonsen durante longo tempo, com espírito público e desinteresse, revela a participação direta e constante da indústria na elaboração de diretrizes de sadia, construtiva e patriótica política internacional, adequada aos nossos superiores interesses, e em consonância com os ideais de fraternidade que sempre o Brasil alimentou nas suas relações exteriores.

O Centro e a Federação das Indústrias do Estado de S. Paulo, em homenagem à memória daquele líder, com a oportunidade deste conclave, entregam à meditação dos homens de responsabilidade este documento, escrito poucos dias antes da infausta morte de Roberto Simonsen.

Morvan Dias Figueiredo
Presidente da FIESP.

MORVAN DIAS DE FIGUEIREDO

DADOS BIOGRÁFICOS

Nasceu o Snr. Morvan Dias de Figueiredo em Recife a 11 de setembro de 1890, tendo iniciado seus estudos em Belo Horizonte para onde seus páis se haviam transferido. Tendo perdido o pai, interrompeu os estudos e passou a trabalhar em firmas comerciais na capital mineira. Em 1906 mudou-se para São Paulo, onde exerceu o cargo de conferente na Estrada de Ferro Sorocabana. Passou então para a Cia. Docas de Santos, onde atingiu, por seu esforço e dedicação, o cargo de chefe do Departamento de Tráfego. Em 1908, já preocupado com leis trabalhistas, estando na direção do Clube Caixeral de Santos, conseguiu a primeira regularização do horário do comércio, de que se beneficiaram os comerciários santistas. Em 1912, juntamente com seu irmão, Snr. Nadir Figueiredo, fundou a firma Figueiredo & Cia., hoje Indústrias Nadir Figueiredo S/A.

Tendo fundado a Liga do Comércio e da Indústria de Louças e Ferragens do Estado de São Paulo, da qual foi presidente até 1945, era presidente e membro de várias outras entidades sindicais. Em 1943, foi delegado de São Paulo ao Congresso de Economia realizado no Rio de Janeiro e participou, em 1944, do primeiro congresso da Indústria, reunido em São Paulo. Já então, seu prestígio como coordenador e conhecedor dos assuntos relacionados entre o capital e o trabalho se fazia sentir em certames dessa natureza, tais como no de Terezópolis, onde foi vice-presidente da Comissão de Legislação Social e na Reforma da Lei do Imposto de Consumo. Deu também sua colaboração à Legião Brasileira de Assistência, onde exerceu as funções de diretor, em São Paulo, por vários anos. Diretor da Federação das Indústrias do Estado de São Paulo, teve intensa participação na criação do Serviço Social da Indústria. No desempenho de suas funções como Ministro do Trabalho, mereceu a mais justa consagração popular, pelo interêsse com que tratou os problemas dos trabalhadores, procurando harmonizar empregadores e empregados. Chamaram-no, porisso, "Ministro da Paz Social". Voltando a São Paulo ao deixar o Ministério, em outubro de 1948, já com a saúde alterada por uma intensa e exaustiva atividade, deu ainda ao Centro e à Federação das Indústrias do Estado de São Paulo, da qual era o presidente, sua inestimável colaboração até os últimos dias de vida.

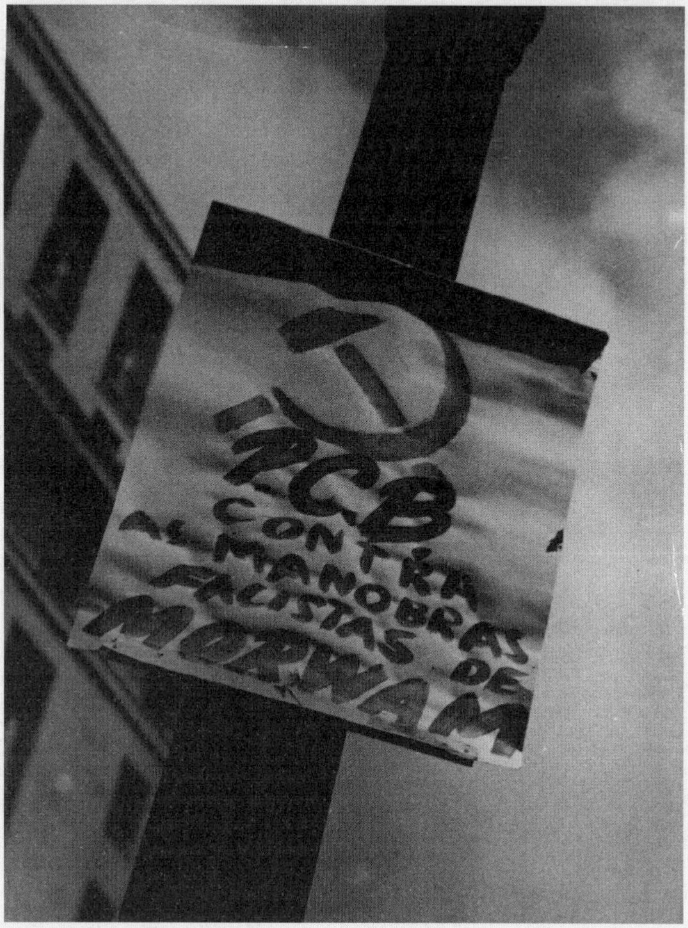
P.C.B
CONTRA
AL MANOBRAS
FACISTAS DE
MORWAM

Direito internacional social

Roberto Simonsen, presidente do Conselho Econômico da Confederação Nacional da Indústria.

A experiência dos últimos tempos revela que, tanto na elaboração, como na execução dos acordos econômicos internacionais, entre nações altamente desenvolvidas e outras desenvolvidas e de desenvolvimento incipiente, a igualdade jurídica, teoricamente existente entre as partes contratantes, não se traduz, de fato, em vantagens equivalentes do ponto de vista econômico e social.

Já em parecer apresentado ao Conselho Federal do Comércio Exterior, em 27 de setembro de 1937, relativo à possibilidade da expansão industrial brasileira, num capítulo especial que dediquei aos tratados de comércio, assinalava:

"Não quisemos ou não pudemos compreender, até hoje, que tratados de reciprocidade, baseados na cláusula de nação mais favorecida, contendo condições jurídicas e teoricamente iguais para ambas as partes contratantes, acarretam, de fato, sob o ponto de vista econômico, uma progressiva vassalagem da nação menos aparelhada à mais poderosa".

Alguns anos depois, em conferência pronunciada no auditório dos Serviços Hollerith, a 8 de outubro de 1943, estudando a política econômica mais conveniente ao Brasil no após-guerra, retomei novamente o problema.

"Quando se realizaram tratados de comércio – afirmei – entre uma nação fortemente industrializada e outra em que predomina, como artigos de exportação, os chamados "produtos coloniais", promove-se, de fato, a troca de produtos fracamente remunerados, por outros altamente recompensados. Mesmo que se equilibrem, em valor monetário, os balanços de comércio e de pagamentos entre essas nações, o intercâmbio realizado favorece, sem dúvida, o país mais industrializado. Em verdade, acrescentei – tais tratados de comércio deveriam ser completados por entendimentos, em que o país que coloca, em troca de produtos primários, artigos densamente remunerados se obrigasse a uma cooperação compensadora, de ordem técnica e econômica, ao exportador de produtos primários."

DIREITO INTERNACIONAL SOCIAL

Roberto Simonsen, Presidente
do Conselho Econômico da Confederação Nacional da Indústria

A experiência dos ultimos tempos revela que, tanto na elaboração, como na execução dos acôrdos econômicos internacionais, entre nações altamente desenvolvidas e outras de desenvolvimento incipiente, a igualdade jurídica, teoricamente existente entre as partes contratantes, não se traduz, de fato, em vantagens equivalentes do ponto de vista econômico e social.

Já em parecer apresentado ao Conselho Federal do Comércio Exterior, em 27 de setembro de 1937, relativo à possibilidade da expansão industrial brasileira, num capítulo especial que dediquei aos tratados de comércio, assinalava:

"Não quisemos ou não pudemos compreender, até hoje, que tratados de reciprocidade, baseados na cláusula de nação mais favorecida, contendo condições jurídicas e teoricamente iguais para ambas as partes contratantes, acarretam, de fato, sob o ponto de vista econômico, uma progressiva vassalagem da nação menos aparelhada à mais poderosa".

Alguns anos depois, em conferência pronunciada no auditório dos Serviços Hollerith, a 8 de outubro de 1943, estudando a política econômica mais conveniente ao Brasil no após-guerra, retomei novamente o problema.

"Quando se realizam tratados de comércio - afirmei - entre uma nação fortemente industrializada e outra em que predomina, como artigos de exportação, os chamados "produtos coloniais", promove-se, de fato, a troca de produtos fracamente remunerados, por outros altamente recompensados. Mesmo que se equilibrem, em valor monetário, os balanços de comércio e de pagamentos entre essas nações, o intercâmbio realizado favorece, sem dúvida, o país mais industrializado. Em verdade, acrescentei - tais tratados de comércio deveriam ser completados por entendimentos, em que o país que coloca, em troca de produtos primários, artigos densamente remunerados se obrigasse a uma cooperação compensadora, de ordem técnica e econômica, ao exportador de produtos primários".

Podemos considerar que, na ordem internacional, há uma diferenciação hierarquica entre as nações, a qual corresponde a estrutura e ao papel desempenhado pela economia de cada uma delas nas relações internacionais. Verifica-se que essa escala hierarquica vai desde os paises altamente desenvolvidos, intensamente industrializados, produtores e exportadores de mercadorias de alto teor técnico e econômico, até aos paises de economia incipiente, predominantemente agrícolas, produtores e exportadores de bens de baixa densidade econômica. Os primeiros, em virtude dessas condições, desfrutam de altos niveis de vida; em contraposição, os segundos apresentam ínfimos padrões.

Em consequência ainda dessas mesmas condições, é elevada a participação dos primeiros no comércio mundial, enquanto os segundos, que, paradoxalmente, vivem à base de seu comércio exterior, exercem pequeno papel no intercâmbio internacional.

A situação do intercâmbio dos paises exportadores de manufaturas e paises exportadores de produtos primários, impõe a estes uma situação desvantajosa nos termos de troca. Os produtos primários, de uma maneira geral, são inelasticos e, inversamente, os produtos manufaturados têm uma alta elasticidade. A evolução dos preços de uns e outros produtos mostra disparidades. As flutuações dos níveis de preços atingem mais duramente os produtos primários do que os manufaturados, depreciando os termos de troca dos paises exportadores dos primeiros. Por outro lado, os preços dos produtos primários, via de regra, não são influenciados pelos paises produtores, mas são ditados pelos proprios paises manufatureiros.

Segue-se daí que a política dos paises desenvolvidos, até agora refletida nos acordos internacionais, sob a égide de igualdade jurídica das nações, significa, em última análise pela predominância dos seus interesses e pela sub-estimação dos interesses dos paises menos desenvolvidos, a perpetuação de uma desigualdade de fato.

Por exemplo, a Carta Internacional de Comércio e Emprego, ultimamente elaborada em Havana, implica no desenvolvimento de um neoliberalismo. Procura substituir, no Plano das relações econômicas internacionais, os classicos mecanismos automáticos dos "laissez faire" por um sistema racional, funcionando sob o contrôle de um organismo mundial. Poderia parecer a observadores superficiais que ficaram instituidas, mediante êsse instrumento, as bases de uma efetiva cooperação internacional. Todavia, a Carta não reconhece, efetivamente, as diferenças fundamentais decorrentes da natureza e dos interesses das diversas economias. São muito vagos e sem eficácia os dispositivos que

..3

implícita ou indiretamente contemplariam um tratamento equitativo. Na verdade, a Carta impõe um tratamento igual aos desiguais. Retira, em virtude de princípios gerais aplicáveis por igual a todos, os meios de defesa próprios das economias incipientes, sem, simultaneamente, proporcionar-lhes uma cooperação econômica compensadora. Nela não se observou que as obrigações previstas e de imediato adimplemento exigem comparativamente maiores sacrifícios das áreas novas, em virtude de sua menor resistência econômica. A tais desvantagens não correspondem se não declarações de princípios sem eficácia prática, em que se reconhece a necessidade do desenvolvimento dessas áreas.

A consecução de uma efetiva igualdade, que se manifeste em vantagens equivalentes para ambas as partes, teria de ser orientada pelo oferecimento de oportunidades concretas de desenvolvimento, que não só compensassem as desvantagens atuais como proporcionassem além da expansão do comércio mundial, a progressiva elevação dos níveis de vida nas áreas atrazadas.

Na Comissão que foi a última hora constituida no Itamarati para preparar o ponto de vista do Brasil para a reunião em Londres, a primeira da Conferência de Comércio e Emprego, depois de reunir professores e técnicos no Rio de Janeiro e em São Paulo, propuz alguns pontos, que foram adotados pela Comissão e pelo Govêrno. Naquela proposta aceitavamos o princípio da redução das tarifas e outras defesas, contanto e à medida que fossem oferecidas condições complementares à negociação tarifaria que assegurassem equidade nas vantagens concedidas, tendo em vista a estrutura econômica de cada um dos paises. Propusemos que, entre as finalidades da Organização figurasse a seguinte:

"Possibilitar o levantamento de índices de renda nacional e de outros elementos característicos que revelem claramente a situação econômica de cada um dos paises membros da Organização e permitam, mediante franca e leal cooperação, reduzir progressivamente os desníveis econômicos existentes, bem como ajustar as condições específicas de cada país às normas que visem facilitar o intercâmbio comercial".

A Organização efetivaria, "progressivamente e de acôrdo com os diversos níveis e estruturas das economias nacionais, levando em conta as compensações complementares do dispositivo anterior aludido, a redução das barreiras alfandegarias".

Na realidade, o desenvolvimento das áreas novas só pode ser obtido através de dois processos: ou por uma adequada proteção interna, que é um processo mais lento e ao mesmo tempo mais rigoroso; ou pela cooperação internacional, que é o processo mais eficáz, porque não importa numa diminuição do nível de consumo interno, não afeta as industrias de exportação e contribue, numa palavra, para a expansão do comércio mundial.

Efetivamente, recentes acontecimentos internacionais da mais alta importância demonstram o caráter prático desta tese. Os emprestimos sob a forma de "lend-lease" que desempenharam um papel tão destacado na manutenção do esforço de guerra, constituem uma bôa ilustração nesta matéria. Não só permitiram a continuidade e a intensificação da preparação bélica na Europa e no resto do mundo, como deram ensejo a uma elevação de produtividade nos Estados Unidos. Dir-se-á que é um exemplo de tempo de guerra. Há, porém, um mais recente e mais significativo. O Plano Marshall não é mais que um subsídio para manter o comércio internacional num nível que permita assegurar o pleno emprego e expandir o comércio mundial.

Na tése que apresentei em 1943, como contribuição da Federação das Industrias do Estado de S. Paulo, à "Conferência Internacional de Rye" já acentuara:

> "Delineia-se um grande movimento de caráter internacional para auxiliar a rápida reconstrução das zonas devastadas pela guerra. Não existe, porém, o mesmo anseio em socorrer muitos outros povos, em imensas regiões do globo, onde também milhões de indivíduos perecem anual e precocemente, vitimados pela miséria, pela ignorância, pela subnutrição e pelas enfermidades daí decorrentes. Por que não colocar no mesmo plano de atenção a recuperação da prosperidade dos paises destroçados pela guerra e a outorga às nações pobres de um gráu mínimo de conforto, a que devem fazer jus ?
>
> Se, nos congressos políticos internacionais, se reconhece para o estudo e aplicação de medidas fundamentais, a diferenciação existente quanto à capacidade bélica entre os varios povos, por que não diferençar as medidas e providências de que cada nação necessita, de acôrdo com o gráu de desenvolvimento da sua estrutura econômica ?".

Tais medidas destinadas a estabelecer uma verdadeira justiça internacional entre os povos encontram sólidos precedentes nas novas praticas do Direito Social. Dentro de suas próprias fronteiras, as nações se viram compelidas a violar um dos cânones fundamentais do liberalismo econômico, pela intervenção do Estado no mercado de trabalho, de modo a estabelecer o equilíbrio das diferentes forças econômicas. Tais iniciativas permitiram que, nos contratos de trabalho, as partes contratantes, a despeito da desigualdade do seu poder econômico, negociem em bases de efetiva igualdade. Por outra parte, através de programas de assistência social procurou-se atenuar a gritante disparidade entre os níveis de vida dos varios grupos sociais.

Em consequência atenuam-se os efeitos das lutas econômicas e as pronunciadas diferenciações existentes entre as varias categorias e profissões.

Essa política social tem sido aplicada, como uma correção satisfatória às desigualdades, mesmo naqueles paises em que, em virtude do lento ritmo de acumulação de capitais e dos baixos índices da denominada "relação de subsistência", parecia menos indicada.

No plano internacional, não parece impossivel o estabelecimento de um critério semelhante. Buscar-se-ia, através dele, mediante corretivos de ordem econômica, política e social, atenuar a excessiva desigualdade, de fato, atualmente existente entre as nações, desigualdade cada vez mais agravada pela concentração técnica e capitalística e pelo regime das relações econômicas vigentes no terreno internacional.

Essa política social - guardemos o nome pelo seu conteudo ético - não é, porém, uma política de caráter meramente filantrópico mas um imperativo para o equilíbrio econômico do mundo e para o próprio bem-estar das nações mais poderosas. O Plano Marshall, se bem revela o espírito de solidariedade do povo norte-americano, representa uma política realista, um negócio a longo prazo, tomando negócio não só no sentido pejorativo com que são desestimulados os empreendedores no Brasil, mas na significação de uma operação comutativa, de prestações e vantagens bilaterais, ou no sentido de uma inversão reprodutiva.

Ao Direito Social que visa à instituir as bases de uma racional política distributivista, dentro das fronteiras de cada país, deve corresponder, pois, uma Política Social Internacional que possa promover, por meio de uma distribuição mais equitativa dos meios de produção, a eliminação das barreiras que impedem a difusão da prosperidade no mundo.

Essa política social internacional deve levar a um Direito, a um estatuto internacional que, mais que outro qualquer dê confiança aos povos novos ou pobres de todo o mundo, e seja assim o firme e mais sólido esteio à paz internacional.

Nesse sentido, na qualidade de Presidente deste Conselho, recomendo o estatuto e a elaboração de uma doutrina que, tomando em conta a atual política econômica internacional, sirva de base à formulação de um Direito Social Internacional.

Rio de Janeiro, 11 de maio de 1948

O Estado de S. Paulo, suplemento especial comemorativo do dia da indústria no centenário do nascimento de Roberto C. Simonsen, 26 de maio de 1989.

Simonsen: o pensador da indústria brasileira

Professor da Universidade de São Paulo e da Fundação Getúlio Vargas, Edgard Carone, 65 anos, é um profundo pesquisador da nossa história republicana. Seus livros a respeito do assunto, que fazem parte da coleção "Corpo e Alma do Brasil – DIFEL", são referências obrigatórias nos cursos de História, Sociologia e Política em todo o pais. Tem 25 obras publicadas, sendo a mais recente "Classes Sociais e Movimentos Operários", lançada pela Editora Ática. Nesta entrevista, Edgard Carone ressalta o importante papel de Roberto Cochrane Simonsen como o ideólogo do desenvolvimento da indústria brasileira. Carone tem uma estreita aproximação com Simonsen: foi ele que compilou e selecionou textos e reflexões do industrial paulista que compõem o volume 349 da prestigiosa coleção "Brasiliana", sob o título "Evolução Industrial do Brasil e Outros Estudos".

Por José Maria dos Santos

ESTADO – Por que Roberto Simonsen foi importante para a história da indústria brasileira?
CARONE – Para se entender o seu papel, é necessário historiar os primeiros momentos de consciência dos industriais brasileiros na década de [19]10, manifestados no Rio de Janeiro, cujos expoentes eram José Felício dos Santos e Américo Werneck, que procu-

rou globalizar as atividades da classe. Já existia, desde a década de [18]80 do século passado [séc. XIX], a Associação Industrial. Mas foi em 1901 que essa primeira geração de industriais fundou o Centro Industrial Brasileiro, em torno do qual industriais cariocas se juntaram para defender algumas reivindicações: proteção alfandegária aos produtos brasileiros, defesa da indústria para propiciar seu desenvolvimento, luta contra o câmbio livre que predominava na época. Tinham como argumento básico o fato de que países como Inglaterra, França e Alemanha adotavam proteções alfandegárias contra produtos estrangeiros.

ESTADO – Este movimento era provocado apenas pela disputa de mercado?

CARONE – Não. Trazia um matiz ideológico, com características nacionalistas. O Centro Industrial Brasileiro via a atividade industrial como uma forma de produção necessária ao desenvolvimento do país, mesmo que o Brasil fosse essencialmente agrícola. Desde a Associação Brasileira até o apogeu do CIB, em 1930, industriais defenderam idênticos princípios e valores. Vale a pena observar que não existia qualquer característica política nesse movimento. Essa geração estava atenta aos problemas do setor, mas também voltava sua luta para questões de defesa dos seus interesses imediatos. Fixava-se em problemas de momento, como a questão do câmbio associado à dificuldade de se importar matérias-primas. Nela se destacaram, além de Antônio Felício dos Santos e Américo Werneck, nomes com Serzedelo Correia, Vieira Souto, Pupo Nogueira e Jorge Street.

ESTADO – Quer dizer que esta geração não tinha uma filosofia industrial definida?

CARONE – Podemos dizer que essa geração era mais pragmática do que teórica, pois não tinha um pensamento industrial definido, que somente surgirá com a segunda geração, nos anos [19]20, da qual faz parte, e é seu maior representante, Roberto Simonsen.

ESTADO – Professor, explique esse cotejo entre pragmatismo e teorização?

CARONE – A primeira geração foi muito importante, pois está ligada ao primeiro surto industrial do país. Não devemos esquecer que o CIB transformou-se na Federação das Indústrias do Rio de Janeiro. Ocorre que essa geração, como já disse, apontava sua luta para questões específicas momentâneas. Ao contrário da segunda geração, não tinha atrás de si uma justificativa mais complexa e elaborada das relações industriais, dos interesses da sociedade.

"SIMONSEN CRIOU UMA ESCOLA DE ELITES DIRIGENTES"

ESTADO – Dê um exemplo de teorização da segunda geração.

CARONE – Na verdade, era uma geração mais voltada para a análise ideológica da sua classe, do seu papel junto ao país. A partir da década de [19]20, Roberto Simonsen foi evoluindo paulatinamente dentro da sua concepção de qual deveria ser o papel dos industriais. Em 1933, por exemplo, fundou em São Paulo a Escola de Sociologia e Política, que tinha como finalidade criar elites dirigentes para o país. Ele colocou a classe industrial dentro do contexto do país, com bases sólidas. Foi seu grande ideólogo. Simonsen, por exemplo, parte da evolução econômica do país em toda sua trajetória, para nela situar o papel do industrial. E isto foi muito importante. Não se tratava de defender apenas um setor dissociado do resto. Por isso crescem em importância os seus estudos, datados de 1934-35, sobre as bases econômicas do país. Fez estudos sobre o café, que representava uma economia essencialmente agrária. No seu entender, as reivindicações do seu setor estavam ligadas às formas de desenvolvimento do país como um todo. Elas estavam associadas à questão do ensino industrial – tanto que foi um dos idealizadores do SENAI (Serviço Nacional de Aprendizagem Industrial), – à questão das reivindicações operárias, etc.

ESTADO – Roberto Simonsen iniciou-se como empresário logo após formar-se engenheiro civil pela Politécnica de São Paulo, em 1910.

Como era a situação industrial de São Paulo?

CARONE – A família Simonsen tem seu tronco no Rio de Janeiro. Um dos ramos se localizou em Santos (SP), onde nasceu Roberto Simonsen. Sua ascendência remonta ao almirante Cochrane. Mas, na verdade, sua atuação se manifestou nos anos [19]20 em São Paulo, dentro da sua geração, da qual faz parte o conde Francisco Matarazzo. Paralelamente, surgiu no Rio, na mesma época, uma nova geração de industriais na qual se destacaram Guilherme Guinle, O. Pupo Nogueira, Morvan Dias de Figueiredo e Euvaldo Lodi. De todos, sem dúvida, Simonsen foi o mais importante. Em São Paulo, do ponto de vista organizacional, os industriais estavam ligados, nessa época, à Associação Comercial, o que demonstra sua posição secundária. Esta situação levou à cisão entre comerciantes e industriais. Por isso, em 1928 Roberto Simonsen, Francisco Matarazzo e outros fundaram sua própria entidade, o Centro das Indústrias do Estado de São Paulo, que se transformaria na FIESP.

ESTADO – O que representou a nova entidade?

CARONE – A partir dessa entidade, a classe industrial pôde tomar posições próprias, que ganharam ênfase a partir da crise pós-[19]30. Como sabemos, a crise mundial de 1929 teve reflexos no Brasil. Houve pânico e tentativas de buscar novas soluções para a crise. O livre-cambismo deixara de existir, pois todos os países capitalistas estavam desordenados; cada governo deveria tomar providências para resguardar os respectivos interesses nacionais. O Estado teve de socorrer a produção e, na verdade, o comércio mundial passou a operar sob égide do Estado. O mundo entrou na fase de acordos comerciais: fizemos acordos com a França (1934), [os] Estados Unidos (1935), [a] Alemanha (1936) e [a] Itália (1938). Tais acordos eram dirigidos pelos próprios governos. Os industriais brasileiros constataram que, nessa nova perspectiva, seria difícil exercer sua atividade com os próprios meios: havia a crise e a intervenção do Estado. Neste processo cresce novamente a figura de Roberto Simonsen.

"PELA PRIMEIRA VEZ OS INDUSTRIAIS FORAM AO PALÁCIO."

ESTADO – Qual foi a atuação de Roberto Simonsen nesse período?

CARONE – Ele foi o teórico da ligação entre industriais e governo. Até então essa ligação não existia. Durante o pós-[19]30, isto é, desde 1931 Roberto Simonsen vinha preconizando a necessidade de se criar mecanismos de defesa da industria nacional, após a crise ter passado. Isso tem uma explicação: os industriais brasileiros não tinham recursos e nem *know-how* para desenvolver determinados setores industriais básicos, como os da química, da siderurgia e do petróleo. A estatização era premente. Como se vê, por diversas e sérias razões, a ligação entre industriais e governo era essencial. Roberto Simonsen, como liderança industrial, aproximou-se de Getúlio Vargas, então o chefe do governo.

ESTADO – Mas na Revolução Constitucionalista de 1932 ele não se posicionou contra o governo de Getúlio?

CARONE – Sim. Mas[,] no contexto, isto foi episódico. É verdade que, em 1932, ele chegou a transformar indústrias de paz em indústrias de guerra para a fabricação de armas. Mas o fato é que, em decorrência da ligação, pela primeira vez industriais frequentaram o palácio do governo, foram recebidos pela esfera governamental. Foi um acontecimento revolucionário, pois até então a chamada esfera governamental era composta por representantes da agricultura. A participação de industriais nas decisões governamentais é muito significativa para ilustrar as mudanças pelas quais passava a sociedade brasileira. Roberto Simonsen soube apresentar reivindicações claras e precisas. A ligação entre governo e indústria ficou transparente com a formação do Conselho Nacional de Comércio Exterior, em 1934, e com os debates dos congressos industriais de 1943-44-45. Havia participação dos industriais nas decisões.

ESTADO – A entrada dos industriais em cena não foi uma quebra, uma ruptura dentro de um país de economia rural? Indústria contra campo?

CARONE – Havia, desde o século passado [séc. XIX], a ideia de se dividir a indústria no Brasil em duas vertentes: a artificial e a natural. A primeira não era necessária ao desenvolvimento do país, e poderia ser descartada se fosse preciso; a natural, baseada na produção agrícola, era necessária. Essa posição partia dos teóricos do agrarismo, que defendiam a importação industrial como a forma mais econômica de se atender o país. Naturalmente aquela primeira geração de industriais combateu essa posição. Mas era necessário – o que eles não fizeram – oferecer ao país agrícola uma explicação global e convincente, demonstrando que a produção industrial era fundamental numa economia capitalista. Roberto Simonsen, ao globalizar a ideologia industrial, teve a função de cumprir esse papel através dos seus livros, artigos e ação. Ele preencheu, na verdade, um hiato, um vazio. Fez a ligação entre a produção agrícola e industrial. Veja que na década de [19]30, embora fosse industrial, ele enfatizou a necessidade de que o governo protegesse o café brasileiro naquele momento de crise internacional do mercado do produto, pois tinha consciência do que o café representava para economia nacional.

ESTADO – A importância do café estava acima da disputa entre industriais e agricultores?

CARONE – Simonsen teve visão para perceber esse ponto. Aliás, foi uma das primeiras pessoas no país a perceber a necessidade de se estabelecer relação entre a indústria e [o] mercado interno, que passava pela agricultura. A equação era simples: a produção industrial não sobreviveria se não houvesse quem a consumisse. Ao contrário da produção agrícola, que tinha mercado externo, a indústria deveria ser consumida internamente. E o mercado interno estava ligado à agricultura. Por isso deu ênfase à recuperação agrícola – leia-se café no Brasil na crise pós-30. O importante é que ele tinha ideias realistas nesse campo.

"APÓS O ESTADO NOVO, SIMONSEN SE FILIOU AO PSD DE GETÚLIO."

ESTADO – Como o senhor define o perfil de Roberto Simonsen?
CARONE – Como intelectual e homem empreendedor, tem um perfil *sui generis*. Desde que criou a Companhia Construtora de Santos, em 1912, até a fundação da FIESP, observamos que é uma liderança que vai se afirmando, inovando e introduzindo novos conceitos. Estudou, por exemplo, a racionalização da questão de moradia para a classe média. Criou a Cerâmica São Caetano com atividades mecanizadas, num setor que ainda trabalhava com base na atividade manual e precária. Teve a ideia de formar elites que pudessem ocupar posições de destaque na sociedade brasileira através da Escola de Sociologia e Política.

ESTADO – Por que ele viu a necessidade de criar essa escola?
CARONE – Ele entendeu que pessoas que estudassem História, sociologia etc. teriam maior capacidade para assumir cargos executivos, tanto na política como nas empresas. Essa elite dirigente, ao contrário do que acontecia, não viria dos bancos da Faculdade de Direito, cujo ensino jurídico modelava rigidamente mentalidades, obscurecendo a capacidade de analisar, compartimentar. A Escola de Sociologia permitiria a formação de elites capazes de se comportar cientificamente diante da realidade brasileira. Na verdade, não se tratava de uma ideia nova. O poeta Olavo Bilac, por exemplo, defendia a ideia de uma elite disciplinada, por volta de 1915/16, que transformaria o país segundo seus próprios modelos, que nada tinham a ver com os modelos da classe agrária. A propósito, esta ideia era desprezada pela elite do campo. Na verdade, trata-se de uma ilusão, pois foge da realidade, não medida real. Aliás, percebe-se nela a influência positivista que marca a cultura brasileira.

ESTADO – E Roberto Simonsen como político. Como ele era?
CARONE – Ele não deixou escrito a respeito. Por isso seu perfil ficou diluído. Não era homem de partido. Mas[,] após a queda do Estado Novo, ele se filiou ao PSD (Partido Social Democrático), que era ligado ao getulismo. Era contrário a UDN (União Demo-

crática Nacional), que de algum modo se associava à economia agrária. E jamais foi do PRP, que também tinha mais características. Foi anticomunista, ligado ao pensamento conservador e defendia o movimento operário reformista, isto é, o movimento operário pacífico. Ele tem posições agudas contra o comunismo. Contudo, o que ressalta – e não é demais repetir – é seu papel pioneiro na conquista industrial brasileira, que está sendo mais reconhecido agora do que no seu tempo. O único livro de Simonsen que teve sucesso comercial foi *História Econômica do Brasil*, síntese das aulas que deu na Escola de Sociologia e Política. Todas as suas outras obras foram financiadas do próprio bolso e distribuídas aos amigos e à comunidade industrial. Mas, retornando a sua biografia política, vale lembrar que em 1946 ele foi eleito senador e apoiou a cassação dos parlamentares comunistas no ano seguinte. Também fora eleito deputado a Assembleia Nacional Constituinte em 1934, cargo que exerceu até 1937, quando ocorreu o golpe de estado que deu origem ao "Estado Novo".

Roberto C. Simonsen, um industrialista à frente do seu tempo

No dia 25 de maio de 1948, a Academia Brasileira de Letras reunia-se em sessão para receber o primeiro-ministro da Bélgica, Paul van Zeeland, que visitava o Brasil. Para saudá-lo havia sido designado o acadêmico Roberto Cochrane Simonsen, o primeiro economista a conquistar uma cadeira na Casa de Machado de Assis. Em meio ao discurso vibrante, a emoção interrompe uma frase e uma vida rica de ideias e fecunda de realizações. Roberto Simonsen morre ali mesmo, na tribuna. Em sua homenagem, o dia que marca o aniversário de sua morte foi escolhido como o Dia da Indústria.

Roberto Simonsen é considerado um dos grandes dirigentes industrialistas do país, não só pela coerência e combatividade na exposição e defesa das suas ideias, como pelo sucesso da aplicação dessas ideias nos seus empreendimentos industriais. A posição de líder de sua classe resulta tanto dos seus sucessos empresariais como da capacitação teórica que lhe permitiu ocupar uma posição de destaque no cenário intelectual brasileiro, no campo econômico, histórico ou político do seu tempo. Sua obra é das mais sérias e permanentes, no que se refere às questões de economia política do Brasil.

As primeiras atividades

Roberto Simonsen nasceu em 18 de fevereiro de 1889, no Rio de Janeiro, a capital do Império. Foi levado ainda criança para a cidade de Santos, onde fez o curso primário, transferindo-se depois para a capital paulista a fim de fazer seus estudos secundários. Não tinha ainda 15 anos quando ingressou na Escola Politécnica, onde fez um brilhante curso de engenharia civil. Exerceu sua primeira atividade profissional na empresa ferroviária Southern Railway.

Após uma breve passagem pela Prefeitura de Santos, fundou a sua primeira empresa, a Companhia Construtora de Santos, pioneira em planejamentos urbanísticos. Já preocupado com as condições de trabalho da classe operária, fundou a Companhia Santista de Habitações Econômicas, destinada à construção de moradias populares. Foram ainda essas preocupações que o levaram a fundar o Centro de Construtores Industriais de Santos, que se propunha a organizar um cadastro de trabalhadores e criar para eles um serviço de assistência e seguro social, bem como escolas de aprendizagem profissional.

Sua tarefa mais importante, no campo da engenharia, é certamente a construção, para o Exército, de novos quartéis destinados ao serviço militar obrigatório, obra que lhe foi confiada pelo Ministro da Guerra, Pandiá Calógeras. O projeto contemplava 103 estabelecimentos militares em 26 cidades, distribuídas por 9 estados. Admite-se que a concretização desse projeto de âmbito nacional tenha propiciado a Roberto Simonsen uma visão mais ampla da realidade brasileira, não só do ponto de vista econômico como principalmente da sua vertente política.

A maior parte dessa obra foi realizada nos anos de 1922 e 1923, quando Simonsen assume sua primeira posição de líder empresarial, na presidência do Sindicato Nacional dos Combustíveis Líquidos, e começa a diversificar suas atividades industriais. Passa a dirigir a Cerâmica São Caetano, organiza a Companhia Nacional da Borracha e funda a Companhia Nacional de Cobre. Cria também a Companhia de Comércio do Café.

Uma liderança natural

As múltiplas atividades empresariais de Simonsen só fazem desenvolver nele as qualidades de liderança que vão se impondo naturalmente. Assim, quando em 1928 os empresários da indústria resolveram separar-se da associação com os empresários do comércio, para fundar o Centro das Indústrias [do Estado] de São Paulo (CIESP), Simonsen assume a sua primeira vice-presidência. No seu discurso de posse destaca-se a visão clara do papel da indústria como fator determinante de independência política e econômica do país, e como medida de adiantamento do seu povo. Ao pedir ao governo medidas protecionistas mais abrangentes que defendam a indústria nacional incipiente, ele manifesta de público uma posição que levantaria mais tarde muitos protestos e contestações.

Após um rápido exílio em Buenos Aires – consequência do seu apoio à Revolução Constitucionalista de 1932 –[,] Simonsen regressou ao país para criar o Instituto de Organização Nacional do Trabalho (IDORT), destinado a promover estudos sobre normas e métodos de produção, bem como orientação profissional e higiene do trabalho. Era mais uma tentativa de racionalizar as relações do trabalho, buscando uma posição moderna e eficiente para as atividades empresariais. Dentro dessa mesma diretriz de embasar tais atividades em um conhecimento mais profundo e organizado, fundou a Escola Livre de Sociologia e Política, na qual veio a ocupar a cátedra de História Econômica do Brasil.

A Assembleia Nacional Constituinte, convocada em 1934, era composta de representantes eleitos diretamente e representantes classistas escolhidos pelos sindicatos. Roberto Simonsen estava entre os deputados classistas apresentados pela indústria que, embora se manifestando contra esse sistema representativo, aproveitavam a oportunidade para apontar medidas e providências capazes de estimular o desenvolvimento econômico do país.

A necessidade de planificação

Com a implantação do Estado Novo, em 1937, a Câmara dos Deputados foi dissolvida e Roberto Simonsen perdeu o seu mandato. Mas a Federação das Indústrias [do Estado] de São Paulo (FIESP) elegeu-o seu presidente, o que provocou uma grande cisão na organização. Foi na presidência desse órgão que Simonsen pôde melhor contribuir para o esforço de guerra do Brasil, favorecendo a adoção de medidas como o racionamento do álcool para as indústrias e a redução do consumo de combustíveis. Foi nomeado em 1942 para o conselho consultivo da Coordenação da Mobilização Econômica, que organizava a economia de guerra do país. Na época fez parte também da Comissão do Imposto Sindical e integrou a delegação brasileira à Conferência de Rye, nos Estados Unidos, onde apresentou uma tese sobre a renda nacional e a necessidade de uma ajuda mais eficaz para o países em desenvolvimento.

Como membro do Conselho Nacional de Políticas Industrial e Comercial, órgão ligado ao Ministro do Trabalho, preparou um relatório sobre os princípios fundamentais que deveria orientar o desenvolvimento industrial e comercial. Esse trabalho propunha um aumento da planificação da economia brasileira, uma planificação que contemplava a intervenção estatal na economia, "não para combater as leis naturais, e sim exclusivamente como intuito de criar situações em que o Brasil pudesse aproveitar em seu favor os resultados dessas leis". Ele admitia que, no caso de um planejamento total, a liberdade individual pudesse vir a sofrer restrições, mas nunca no que se refere às liberdade essenciais.

> A experiência vem demonstrando – afirmou – que os direitos políticos de um cidadão livre não são usufruídos em sua plenitude se ele não puder ter uma relativa segurança de ordem econômica. E todo planejamento econômico, em ambiente democrático, deve ser orientado no sentido de ser alcançado um máximo de segurança econômica para um indivíduo, em consonância com o máximo de respeito às liberdade democráticas.

Essa posição favorável ao intervencionismo estatal na economia para orientá-la no rumo conveniente aos interesses nacionais, consubstanciada num planejamento global da economia e na proteção do mercado interno, encontrou um adversário ferrenho no economista Eugenio Gudin, que criticava a "mística do plano" e defendia a liberdade total de iniciativa. A polêmica entre os defensores de posições tão antagônicas ensejou a Roberto Simonsen o aprofundamento de estudos do mais alto valor, que culminaram no livro *O planejamento na economia brasileira*.

Em defesa a América Latina

Redemocratizado o país, com a queda do ditador Vargas, Roberto Simonsen passou a integrar a comissão executiva do Partido Social Democrático, pelo qual se elegeu senador em 1946.

Em 1947, ao participar de uma reunião do Conselho Internacional de Comercio e Produção, realizado em Petrópolis, RJ, propôs a realização de um projeto para a América Latina, semelhante ao Plano Marshall elaborado pelos Estados Unidos para a reconstrução da Europa Ocidental. Afirmou então:

"Reequipar o homem europeu e manter e agravar a pobreza latino-americana, além de constituir uma injustiça social, significa também incorrer num grave erro de estratégia política. Não é justo solicitar às regiões da América Latina, onde o padrão médio de vida é inferior ao padrão de vida normal da Europa, qualquer contribuição ou produção sem devida remuneração."

Obras publicadas

Roberto Cochrane Simonsen deixou publicadas as seguintes obras:

O município de Santos (1912); *Os melhoramentos municipais de Santos* (1912); *The meat & cattle industry of Brazil:* its importance to anglo-brazilian commerce (1919); *O afastamento de São Paulo – aspecto técnico* (1923); *A situação econômica e financeira do Brasil* (1928); *Orientação industrial e brasileira* (1928); *As crises no Brasil* (1930); *Crisis, finance and industry (1930-1931)*; *As finanças e a indústria* (1931); *À margem da profissão* (1932); *Rumo à verdade* (1933); *História econômica do Brasil (1500-1820)* (1937; 7ª edição, 1977); *Possibilidade da expansão industrial brasileira* (1937); *A indústria em face de economia nacional* (1939); *A evolução industrial do Brasil e outros estudos* (1973); *Recursos econômicos e movimentos das populações* (1940); *Níveis de vida e a economia nacional* (1940); *As indústrias e as pesquisas tecnológicas* (1941); *O Congresso Eucarístico Nacional de 1942* (1942); *As classes produtoras do Brasil e o movimento nacional* (1942); *Ensaios sociais, políticos e econômicos* (1943); *Alguns aspectos da política econômica mais conveniente ao Brasil para o período de após-guerra – geografia e política industrial* (1943); *A engenharia e a indústria* (1944); *Elos da indústria* (1944); *A planificação da economia brasileira* (1944; reeditado em 1977 em *A controvérsia do planejamento na economia brasileira*); *A indústria e seus problemas econômicos e sociais* (1945); *Roosevelt* (1945); *O problema social no Brasil* (1947); *Cultura e civilização* (1947); *Direito internacional social* (1948); *A importância econômica das ciências* (1948).

Correspondência:
Caixa Postal 2665
01000 — São Paulo

apca
associação paulista de críticos de artes

DIRETORIA
1979 - 1981

Presidente: *Henrique L. Alves*
Vice-Presidente: *Tatiana Belinky*
1.º Secretário: *Paolo Maranca*
2.º Secretário: *Ida Laura*
1.º Tesoureiro: *Mário Rocha (Ari Torres)*
2.º Tesoureiro: *Osvaldo Mariano*
Dir. Relações Públicas: *Hélio Silveira*
Diretor do Patrimônio: *José Henrique Fabre Rolim*
Conselho Fiscal: *Ernestina Karman*
José da Veiga Oliveira
Helena Silveira
Suplentes de Diretoria: *Rubem Biáfora*
Carlos Ernesto Godoy
Suplentes do Cons. Fiscal: *Dinorá de Carvalho*
Maria Sílvia Alves Lima Montenegro
Josef Juliusz Spiewak

SEDE: Sindicato dos Jornalistas Profissionais do Est. São Paulo
Rua Rego Freitas, 530 - Sobreloja - São Paulo

A APCA

Associação Paulista de Críticos de Artes

Tem a satisfação de convidar V. Sa e Exma Família para assistirem à entrega dos prêmios, por ela conferidos, aos que se destacaram nas artes em 1979.

A cerimônia será realizada no dia 12 de maio de 1980, às 20:30 horas, no MASP e será abrilhantada por uma apresentação de Luiz Gonzaga Júnior, laureado no setor de Música Popular como melhor compositor, melhor música e melhor show de 1979.

MASP - Museu de Arte de São Paulo
"Assis Chateaubriand"
Avenida Paulista, 1.578

Manuscritos de Cassiano Ricardo, afetos à campanha de Roberto Simonsen para a Academia Brasileira de Letras.

Osvaldo:

— O Laurindo vai a S. Paulo para cuidar de um assunto meu, e precisaria voltar, pois necessito dele aqui, por mais uns quinze ou vinte dias. Você dará um jeito nisso?

Tenho estado quase diariamente com o nosso Amigo. (Amigo com A maiúsculo) Tudo corre bem.

Telefone-me, ao menos uma vez. As ligações oficiais são mais rápidas.

Abraços m.t. afetuosos do

Cassiano

O "Amigo com A maiúsculo" a que se refere Cassiano é Roberto Simonsen.

Cálculo para a eleição de Roberto Simonsen para a Academia Brasileira de Letras.
Autor: Cassiano Ricardo.

3.
ROBERTO SIMONSEN NA ACADEMIA BRASILEIRA DE LETRAS

Deixamos no capítulo anterior os apontamentos e documentos referentes à eleição e posse de Roberto Simonsen na Academia Brasileira de Letras (ABL), mais ligados a Oswaldo Mariano. Neste reproduzimos textos encontrados nos jornais dos guardados, também sob a égide da ABL, incluindo o último discurso de Roberto Simonsen, cujo pronunciamento a morte não lhe permitiu completar.

O Gneral Eurico Gaspar Dutra, entrega ao novo titular da cadeira ocupada por Filinto de Almeida o diploma simbolico da imortalidade.

Eleito o Sr. Roberto Simonsen para a Academia Brasileira

O que disse à reportagem o sucessor de Filinto de Almeida

RIO, 9 – A Academia Brasileira, em sua sessão de hoje, elegeu o Sr. Roberto Simonsen para a cadeira de n. 3, na vaga de FILINTO DE ALMEIDA. A escolha do ilustre autor da "Historia Econômica do Brasil" para a casa de Machado de Assis constituiu invulgar acontecimento, não só pela expressiva votação obtida pelo novo acadêmico, como também por se tratar do primeiro representante da nossa literatura econômica que tem ingresso no ilustre grêmio, complementando-lhe o quadro de valores, em que figuram nomes ligados às mais variadas manifestações da inteligência e cultura brasileiras.

Foram os seguintes os acadêmicos que compareceram pessoalmente: Manuel Bandeira; Oliveira Viana, Cassiano Ricardo, Guilherme de Almeida, Adelmar Tavares, Gustavo Barroso, Luiz Edmundo, Miguel Osório de Almeida, Clementino Fraga, Celso Vieira, Barbosa Lima Sobrinho, José Carlos de Macedo Soares, Mucio Leão, Rodolfo Garcia, Ataulfo de Paiva e Alceu Amoroso Lima, tendo enviado os seus votos por escrito os acadêmicos Getúlio Vargas, Menotti Del Picchia, Afonso de Taunay, D. Aquino Correia, Afrânio Peixoto e Ribeiro Couto.

Ouvido pela reportagem, logo após a sua eleição, o Sr. Roberto Simonsen disse que a decisão da Casa de Machado de Assis, elegendo-o para sucessor de Filinto de Almeida, lhe causava justa emoção. Justa e natural emoção, acrescentou, de quem alcança o maior prêmio a que os intelectuais brasileiros podem aspirar. Nada mais justificável do que o orgulho de ver a sua atividade cultural, no setor dos estudos a que se dedica, reconhecida pelo voto de homens tão eminentes, como os que compõem a Academia Brasileira.

– Sempre me consagrei à cultura do meu país. Ao lado de outras atividades, decorrentes de minha vida profissional, as cogitações do espírito sempre me seduziram. Nem vejo incompatibilidade alguma entre uma coisa e outra. Ao contrário, em recente conferência sobre a indústria e cultura, fiz ver o grau de recíproco entendimento que existe entre essas duas formas de atividade no mundo moderno. Amei sempre as letras, encantou-me sempre o contato com as manifestações da inteligência criadora. Aprendi, desde cedo, a dar o justo valor à função da literatura, não apenas como preocupação superior do espírito humano, mas também como forma de atividade social, indispensável à fixação da consciência que cada povo tem de si mesmo. Não sendo um escritor de ficção, compreendo bem o papel dos poetas e romancistas, principalmente na hora atual, e sei o que representam as suas criações, tão necessárias à própria formação da nacionalidade. E porque assim compreendo os direitos que Alceu Amoroso Lima chamou "direitos do coração e da beleza", é claro que me sinto feliz em poder suceder, na Academia, a um poeta como foi Filinto de Almeida, numa cadeira que tem como patrono um Arthur de Oliveira, que foi uma das figuras mais fascinantes do nosso passado literário.

– Conheceu pessoalmente o seu antecessor?

– Conheci Filinto de Almeida, antes de tudo, através de sua obra de escritor. Lembro-me de haver lido as suas "Líricas" em minha mocidade. Aliás, o nome do meu antecessor sempre foi muito familiar aos paulistas. Pouca gente sabe – mas aqui está um fato que, para mim, tem grande importância – que Filinto de Almeida exerceu, em S. Paulo, uma grande parte de sua atividade intelectual, quando ainda jovem e já vigoroso jornalista. De sua passagem, rápida mas brilhante, pela então "Província de S. Paulo", cujo nome foi por ele mudado para "O Estado de São Paulo", por ocasião do advento republicano, persistem traços e reminiscências que constituem um belo capítulo para o estudo de sua personalidade. Tendo sido, também, deputado à Assembleia bandeirante, isso prova o seu pendor para a vida pública, também iniciada em S. Paulo. Tal circunstância, desde logo já seria um motivo bastante grato ao meu espírito, para que o seu nome tivesse particular significação no elogio que hei de fazer aos seus méritos, como seu sucessor na casa de Machado de Assis. Mas há outros aspectos de sua personalidade que não podem ser esquecidos, entre os quais o seu espírito de organização, que reunia a índole do poeta à vocação do homem prático – e isto sem nenhuma diminuição para o seu valor. Filinto de Almeida foi um homem que lutou, começando por ser empregado no comércio até conquistar, pelo esforço próprio, uma posição social e econômica a altura de sua capacidade empreendedora. Nascido em Portugal, a formação de seu espírito se fez no justo apego às glorias lusas e no acendrado amor às coisas brasileiras. Integrado nessa comunidade, pode ser mesmo apontado como uma figura simbólica, representativa da cultura luso-brasileira no que esta cultura tem de mais típico. Creio ainda que não deixará de ser interessante, de acordo com o critério da Academia, que um poeta de fina sensibilidade, como ele foi, seja interpretado – embora modestamente – pelo engenheiro paulista, ora eleito para a cadeira que lhe pertenceu. Nem é a primeira vez que, na Academia, se verifica a ocorrência, por exemplo, de um historiador estudar a figura de um poeta, ou de um poeta estudar a personalidade de um prosador, a quem sucede. Sem querer fazer comparações, citarei dois casos apenas: o de Oswaldo Cruz, sucedendo a Raimundo Correia, e o do nosso grande sociólogo Oliveira Viana sucedendo a Alberto de Oliveira.

– Tem mais algum trabalho em preparo?

– Deve sair por estes dias um novo trabalho meu. É o "Planejamento da Economia Brasileira", sobre assunto que, no momento, está sendo objeto de grande interesse nacional.

– E sua posse, quando se realizará?

– Muito breve. Logo que tiver concluído o meu estudo sobre o poeta a quem vou suceder.

Traços biográficos
do novo acadêmico

O Sr. Roberto Cochrane Simonsen, ora eleito para a vaga de Filinto de Almeida (cadeira n. 3), nasceu a 18 de fevereiro de 1889. Nome ligado, pela tradição familiar, ao do almirante Cochrane, desde cedo se orientou para o estudo da nossa História. Ao mesmo tempo, tendo se formado pela Escola Politécnica de S. Paulo, iniciou a sua carreira profissional, em atividades de administração e indústria. Em 1919, publicou "O trabalho moderno" em que já estudava um dos problemas mais palpitante[s] da atualidade, como o seu título indica. Em 1932, reúne em volume, sob o título "À MARGEM DA PROFISSÃO", vários estudo[s] de sua autoria, contendo a observação colhida na vida prática. Em 1933, com outros intelectuais paulistas, funda a Escola de Sociologia e Políticas de S. Paulo, onde passa a ocupar a cátedra de História Econômica do Brasil. Em 1934, é eleito deputado à Assembleia Constituinte, publicando "Ordem Econômica e Padrão de Vida", estudo em que justifica uma emenda à Constituição, mandando levantar, periodicamente, o padrão de vida nas várias regiões do país. Em seguida, dá à publicidade três novos e importante[s] trabalho[s] intitulados "Aspecto da Política Econômica Nacional", "A indústria em face da economia nacional" [e] "A história econômica do café".

Mas a sua obra principal é a "História Econômica do Brasil", que lhe deu, pela cultura, senso e rigor científico, amplo renome entre os maiores historiadores e economista[s] do nosso país. Esse trabalho foi prefaciado por Afrânio Peixoto, constituindo hoje em obra clássica sobre a matéria.

Industrial de espírito adiantado, a ele se devem numerosas iniciativas ligadas ao moderno desenvolvimento econômico de S. Paulo. Possuidor de sólida cultura, fez parte de inúmeras instituições científica[s] e literária[s], não só no Brasil, como em outros países americanos e europeus.

É membro do Instituto Histórico Brasileiro, da Academia Portuguesa de Lisboa, da Academia Paulistana de Letras, da National Geographic Society, de Londres, do Inter-American Statistical Institute, de Washington, do British Institute of Philosophy, de Londres, da Sociedade Capistrano de Abreu do Rio de Janeiro etc.

Ainda recentemente, o grande economista Moses Bensabat [,] professor da Universidade de Coimbra, incluindo o nome do Sr. Roberto Simonsen na série de seus estudos, apontou a "História Econômica do Brasil" como "um dos mais notáveis trabalhos no setor das ciências econômicas".

SENADOR ROBERTO SIMONSEN

TRAÇOS BIOGRÁFICOS

Roberto Simonsen nasceu em Santos a 18 de fevereiro de 1889. Foram seus pais Sydney Simonsen e Robertina Cochrane Simonsen. Fez os estudos primários no Colégio Tarquinio da Silva e o curso secundário no Colégio Anglo Brasileiro em São Paulo. Em 1909, concluiu o curso de Engenharia Civil da Escola Politécnica de São Paulo. Desde então iniciou a sua carreira profissional em atividades de administração e indústria. De sua experiência como engenheiro da municipalidade de Santos e do contáto com trabalhadores de emprêsas de construção civil, surgiram suas primeiras idéias de amparo ao trabalhador, sendo o fundador do Centro dos Construtores Industriais de Santos, da Cia. Santista de Habitações Econômicas, visando construir bairros operários e o criador da 1ª Junta de Conciliação do Trabalho que se formou no Brasil para harmonizar contendas entre empregados e empregadores.

Por várias vezes foi chamado a colaborar com a mais alta administração do país quer integrando missões econômicas ao estrangeiro, quer como delegado a congressos e a conferências de estudos científicos e econômicos.

Autor de vários estudos básicos sôbre padrão de vida, trabalho, política econômica nacional, finanças e profissão, sua obra principal é a História Econômica do Brasil, hoje livro clássico sôbre a matéria.

Membro da Academia Brasileira de Letras, Academia Paulista de Letras, do Instituto Histórico Brasileiro e de inúmeras instituições científicas estiveram sempre a serviço de sua pátria cujos problemas tratou com carinho, em busca de solução.

Foi um dos fundadores do Centro das Indústrias do Estado de São Paulo e da Escola de Sociologia e Política, onde ocupou a cátedra de História Econômica do Brasil. Foi deputado à Assembléia Constituinte em 1934, sendo eleito senador por São Paulo em 1947.

Suas idéias sôbre o plano Marshall, do ponto de vista brasileiro, serviram de tema à conferência que pronunciou, no Clube Militar, em fins de 1947.

Idealizador de um vasto programa de recuperação do homem brasileiro, conseguiu, com a criação do SENAI e SESI por dedreto-lei de junho de 1946, pôr em execução a obra educativa que essas instituições vêm realizando pela melhoria de vida do trabalhador da indústria.

Faleceu aos 59 anos de idade, no Rio de Janeiro, quando, na Academia Brasileira de Letras, discursava, saudando o Dr. Van Zeeland, primeiro ministro da Bélgica. Seu corpo foi sepultado no cemitério da Consolação, em São Paulo.

Mercúrio na Academia

Não tem razão – ao que nos parece – o escritor Carlos Pontes quando, em artigo recente, publicado no "Diário de Notícias", sob o título "mercúrio na academia", impugna como "plutocrática" (?) a candidatura de Rodrigo Otávio Filho à casa de Machado de Assis.

Que culpa terá esse distinto candidato de que o seu sogro, Sr. Numa de Oliveira, seja presidente do Banco do Comércio e Indústria de S. Paulo?

É verdade que conta ele, também com o apoio de uma das mais prestigiosas figuras ao nosso mundo econômico, o Sr. João Daudt de Oliveira, presidente da Associação Comercial do Rio de Janeiro. Nada, porém mais honroso para a Academia do que o interesse que os seus pleitos despertam nos altos meios sociais, comerciais, industriais e políticos do país.

Nem há mal, por exemplo, em que um acadêmico do valor de Tristão de Athayde seja, ao mesmo tempo, um industrial de visão nova e clara. Alberto de Faria era, como todos sabemos[,] um grande capitalista, sem que esse fato o impedisse de entrar para a "imortalidade" – por sinal que com um livro escrito sobre outro capitalista, o barão de Mauá. Ainda agora, aí está o caso de Roberto Simonsen (para citarmos, também o exemplo de outro candidato a láurea acadêmica). Presidente da Federação das Indústrias de S. Paulo[,] esse pormenor não impede que ele seja professor e fundador de uma instituição de alta cultura como a Escola de Sociologia da capital bandeirante e haja escrito um livro notável, que nenhum espírito culto deixará de possuir: a "História Econômica do Brasil".

Se há pois na candidatura do Sr. Rodrigo Otávio Filho um ponto a ser discutido, não é esse. Será outro e assim mesmo sob a forma impessoal de uma "tese":

Deverá a Academia instituir a sucessão hereditária, em lugar da literária?

Esse, sim; um problema digno de reflexão por parte dos acadêmicos.

Dignos de reflexão por não ser essa a tradição da Academia. Ao contrário, morto (por exemplo) um Francisco de Castro, ninguém melhor para substituí-lo que o filho ilustre, o Sr. Aloísio de Castro; no entanto, Aloísio de Castro não foi candidato à vaga do pai. Morto Taunay, já o seu filho, não menos ilustre, poderia ter-se apresentado à vaga, pelo direito de sucessão hereditária; no entanto, Afonso de Taunay só se apresentou mais tarde em outra vaga que não fosse a do seu progenitor. Morto João Ribeiro, já um Joaquim Ribeiro estaria em condições de ser o seu sucessor; no entanto, está Joaquim Ribeiro a espera de outra oportunidade para candidatar-se. O mesmo ocorreu com Augusto de Lima Júnior, que se candidatou à vaga de Coelho Neto e não à de Augusto de Lima, pai. Mauricio de Medeiros (passemos agora para outros casos de parentesco) não se inscreveu na vaga do irmão, Medeiros e Albuquerque, preferindo fazê-lo na de Alberto Faria e na de Augusto de Lima. Batista Pereira foi candidato a várias vagas, como as de Ramiz Galvão, Osório Duque Estrada e Afonso Celso menos na do sogro, Rui Barbosa. Alceu Amoroso Lima não quis ser candidato à vaga do sogro, Alberto de Faria; entrou, três anos depois, na de Miguel Couto. O caso de Aníbal Freire é um novo exemplo, ainda, mais típico. O simples fato de ser sobrinho de Laudelino Freire, ao invés de justificar a sua candidatura, foi motivo para que ele a recusasse. Não obstante haver partido de numerosos acadêmicos o seu nome.

Sentimos, pois, discordar do Sr. Carlos Pontes quanto às restrições "plutocráticas" (injustíssimas) que ele opôs ao nome de Rodrigo Otávio Filho. A única coisa inédita dessa candidatura é o caso da "sucessão hereditária" que ela envolve, em lugar da literária:

– Deixo ao meu filho a cadeira n. 35 da Academia, sita a avenida Presidente Wilson, n. 203.

Isso mesmo não é assunto que o ilustre Sr. Carlos Pontes possa resolver, por mera opinião sua.

É uma questão que interessa apenas ao foro íntimo do candidato e à tradição da casa de Machado de Assis...

Artigo não assinado
A Manhã, Rio de Janeiro,
2 de abril de 1944

Roberto Simonsen lê o discurso de posse na ABL.

O discurso de Roberto Simonsen

Este é o discurso que o Sr. Roberto Simonsen proferia quando o colheu a morte. Na recepção oferecida pela Academia [Brasileira] de Letras ao senador belga Paul van Zeeland, encarregado de saudá-lo em nome de seus colegas acadêmicos, o senador por São Paulo aproveitava como sempre o fez a oportunidade para dar a sua contribuição ao bem-estar de seus concidadãos, sem se esquecer, uma vez sequer da grande obra da manutenção do bom entendimento entre os povos de que era também um paladino.

O discurso que reproduzimos a seguir é um exemplo vivo da têmpera do homem público ontem desaparecido. Fazendo um estudo substancioso sobre a situação da Europa, entrosado com a situação da Bélgica, particularmente sob a atividade do homenageado[,] não deixou, mostrando, como em todo [e] qualquer ato de sua vida[,] de revelar o seu acendrado patriotismo ligando esse seu discurso de saudação à situação de sua pátria, para mostrar os caminhos certos de sua redenção econômica. Foi essa a última oração do Sr. Roberto Simonsen, que deixou de proferir por inteiro. Talvez por uma coincidência de circunstâncias para que melhor se grave no espírito de seus concidadãos e melhor permaneça, como um exemplo e um rumo, o sentido que sempre se orientou em sua vida.

O discurso

Sr. Paul van Zeeland:

Coube-me, por delegação expressa da alta corporação a que pertenço, a honra de vos dirigir algumas palavras de saudação nesta casa da inteligência brasileira. Palavras que signifiquem, antes de tudo, o apreço com que a Academia recebe a visita de tão ilustre representante da cultura europeia.

E é com orgulho que o faço, Sr. Paul van Zeeland. Participais de uma plêiade de escol ligada ao pensamento do mundo moderno. E que mais nobre missão para um homem de pensamento do que a de empenhar-se na solução dos problemas que objetivem a maior felicidade dos indivíduos e dos povos?

Não é outra coisa o que tendes feito, quer em vossa pátria, quer na vida e organização de outro país, para cujos governos contribuístes com as luzes do vosso saber. Basta ter em vista os cargos que ocupastes no passado e os que ocupais no presente: conselheiro e delegado do governo belga, em numerosas comissões e conferências mundiais; ministro dos Negócios Estrangeiros, primeiro-ministro, presidente da Assembleia da Sociedade das Nações, comissário geral de Repatriações. Agora, membro do senado belga, presidente da Liga Independente de Cooperação Europeia e professor na Universidade de Louvain.

Ainda adolescente, quando estudante de direito, revelastes a vossa vocação para o estudo sério e compenetrado das questões sociais, alcançando o primeiro lugar em todas as classes.

Prisioneiro, na Primeira Guerra Mundial, trabalhando nas usinas de gás em Stuttgart, entrastes em contacto áspero com a vida, utilizando, porém, todos os momentos de lazer para o aperfeiçoamento de vossa cultura; adquiristes, desde logo, e também na adversidade, aquela "poesia da experiência humana", de que nos fala Charles Morgan.

Terminada a guerra, contemplado com uma bolsa de estudos em Princeton, as ciências econômicas e financeiras tiveram, na ordem dos vossos conhecimentos, a preocupação e o realce que mereciam. Tanto assim que já os vossos méritos de economista eram solicitados para postos da mais alta responsabilidade, como o que vos foi oferecido na direção do Banco Nacional Belga.

As numerosas conferências internacionais para a reestruturação da paz, em que tomastes parte ativa, constituem, então, uma série ininterrupta de serviços prestados ao vosso povo. O renome que havíeis de conquistar, fulgiu em Haia, em Londres, Paris, Berlim, nas conferências relativas ao Banco dos Pagamentos Internacionais; no Egito, onde – graças ao vosso plano – o país foi altamente beneficiado, e em Stresa, nos debates sobre a reconstrução econômica da Europa Central e Ocidental.

O problema russo não vos foi indiferente. Conhecê-lo era o vosso objetivo, pois o julgamento do novo sistema, quando visitastes a União Soviética, e as observações que ali fizestes, foram de suma utilidade para a formação dos vossos estudos na defesa da civilização ocidental de que sois um nobre apóstolo.

A vós, Sr. Van Zeeland, se aplica, como observou Daniel Serruys, o preceito "bergsoniano" de "agir como um homem de pensamento e pensar como um homem de ação".

Em todos os aspectos em que se manifestou a vossa fecunda atividade de homem público, revelastes o homem de pensamento, que refletiu, profundamente, sobre os problemas cruciais de nosso tempo. Em todos os vossos livros se encontra a marca do político preocupado com a solução de questões de ordem prática.

A "Experiência van Zeeland"

A prova mais eloquente é o famoso movimento de renovação nacional que planejastes e orientastes quando chamado à Presidência do Conselho de Ministros da Bélgica, em 1935, numa fase de crise política, social, econômica e financeira.

A "Experiência van Zeeland", como passou a ser denominado, provocou o ressurgimento econômico, através de um plano, ao mesmo tempo audacioso e prudente, cujas faces essenciais foram: a solução do problema monetário, a reforma bancária, a restauração do lucro normal necessária à manutenção da atividade das empresas, o saneamento das finanças públicas.

Toda essa experiência, porém, foi inspirada numa filosofia política econômica pessoal. Baseia-se, por outro lado, numa profunda compreensão da natureza intrínseca de estrutura econômica da Bélgica, e na corajosa constatação da perigosa impotência do liberalismo ortodoxo, quando abandonado ao automatismo de suas próprias normas.

A administração Van Zeeland instituiu, na Bélgica, um governo *social*, *nacional* e *de severa autoridade*, embora não socialista, nacionalista ou totalitário.

Social, no sentido de que objetivou uma maior justiça na distribuição da renda nacional, sem, entretanto, deixar de reconhecer o fato fundamental de que uma distribuição mais equitativa dos lucros supõe, antes de tudo, a existência dos mesmos. Em consequência, a política de Van Zeeland, longe de tentar desestimular a iniciativa privada, procurou fomentá-la, restaurando a margem normal do lucro e considerando depois, na realização do objetivo social de distribuição equitativa dos benefícios, a melhoria nas condições de repartição do produto da atividade humana.

Foi nacional, no sentido que se inspirou na realidade da existência de uma entidade político-cultural, com necessidades e características próprias, derivadas de um processo histórico – a Nação Belga – e nesse sadio patriotismo que promove a competição pacífica, afirmando as qualidades peculiares de cada povo, nada tendo de agressivo ou violento.

De severa autoridade porque se propôs à restauração da ordem democrática, intervindo racionalmente nos setores estratégicos da vida nacional, dirimindo os conflitos entre os diferentes grupos de interesses. Evitou, todavia, considerar a intervenção como uma regra ou um fim em si mesma. Ela não substituiu a iniciativa privada; visou, ao contrário, completá-la, promovê-la, coordená-la, restabelecê-la e prestigiá-la.

A política de expansão econômica que, com tanto sucesso, realizastes no terreno nacional, foi vosso ideal transportá-la para o plano das relações econômicas internacionais, tendo em mira, também neste caso, a prosperidade de vosso país. Na situação peculiar da Bélgica, aquela expansão depende, principalmente, do desenvolvimento do comércio exterior. "A Bélgica é um mercado de trânsito e de transformação". Importa matérias-primas e as reexporta manufaturadas.

Quando, em 1935, assumistes a chefia do governo, a política econômica externa da maioria dos países se encaminhava para a adoção de medidas protecionistas e de desvalorização monetária. A Bélgica sofria as consequências dessa tendência. Tomara providências que se destinavam a manter o volume das suas exportações e, portanto, assegurar o volume de suas importações no mesmo nível e consistiam, sobretudo, na redução dos lucros da indústria, chegando até a sua própria eliminação. Para compensar as perdas daí provenientes, os industriais levantaram os preços no mercado interno. Todavia, o que conseguiram foi, afinal, a redução do consumo nacional. Ao invés de uma política de redução do preço do custo, obtida mediante uma manipulação interna, vós preferistes Sr. Van Zeeland, corajosamente, uma depreciação da moeda nacional em termos de moedas estrangeiras.

Tais medidas de emergência foram caracteristicamente de defesa. Não correspondiam às necessidades permanentes da economia belga, que reclama a liberalização do comércio mundial. E, nesse sentido, se manifestou a vossa política no plano internacional. É inegável a influência de vossas ideias em muitas das proposições ultimamente adotadas na Carta Internacional de Comércio.

Na vossa atuação com primeiro-ministro, tivestes que vos colocar acima de conveniências políticas e partidárias, com um programa de verdadeira salvação nacional: o da reaproximação da moeda de seu real valor, expansão do poder de aquisição do povo, abolição do desemprego, através de serviços públicos, controle de Bancos e outras medidas aparentemente discutíveis e que, no entanto, se impunham como única solução a tão grave crise.

Muitos elementos católicos, liberais, nacionalistas, comunistas, se reuniram em cerrado ataque ao governo, mas o Gabinete resistiu à tempestade. Enfrentou os altos círculos financeiros, aceitou a polêmica com os adversários, inclusive com alguns que viriam a ser instrumentos de traição de sua pátria durante a Segunda Guerra [Mundial].

Hoje, após haverdes presidido, em Londres e New York, a Comissão para a reforma do Estado, sois figura de vanguarda no Senado Belga, como representante do Partido Social Cristão.

A vocação jurídica da Bélgica

Esta pequena síntese das vossas atividades é bastante para nos dar a medida da contribuição com que enriquecestes o patrimônio cultural da Bélgica, no período que se localiza entre duas guerras, com toda a avalanche de suas consequências para a vida da humanidade.

Realmente, Sr. Paul van Zeeland, representais um momento histórico de um grande povo, a quem coube singular destino no drama do Velho Mundo.

A Bélgica, pela posição peculiar na geografia europeia, tem sofrido os mais rudes e selváticos golpes desferidos pela barbárie e pela violência totalitária. Mas a sua vitalidade moral, a vocação jurídica do gênio de seu povo – que reponta em juristas como vós –, a renovada seiva cristã que revigora os sentimentos belgas, fazem com que, como o mito de fabulário antigo, ressurja ela das próprias cinzas fumegantes a que tem sido, por vezes, reduzida pelo tropel dos que a invadem do Leste.

Esta alta compreensão do direito, da moral e da justiça, revelada nas gerações de juristas e de eminentes sacerdotes cristãos que a Bélgica tem dado ao mundo, inspira o respeito e a solidariedade que tributamos ao seu admirável passado. E é para nós grato recordar, neste instante de afetuosa comunhão belgo-brasileira, que uma das grandes vozes que se ergueu, cheia de santa cólera, contra a invasão alemã de 1914, foi a de um brasileiro, cujo nome está no escrínio universal, um inesquecível filho desta Casa: Rui Barbosa.

Partiu assim Sr. Van Zeeland, de um membro da Academia Brasileira de Letras, então senador da República, um grito de horror da consciência jurídica mundial contra a barbaridade das hostes germânicas que agrediram a vossa pátria. Frisava ele, então, o papel dos povos que, como a Bélgica, souberam opor ao gênio da organização prussiana, o gênio da improvisação latina.

E que a razão estava com o mestre não há dúvida. Aí está a lição do sentimento universal e humano que a Bélgica e o Brasil nos oferecem! A Bélgica, pagando o seu tributo quando varrida pelas tempestades internacionais e, portanto, acostumada a confiar no direito e a detestar a guerra; o Brasil, pela sua formação moral e magnitude geográfica, apreendendo o sentimento harmônico do mundo, possui uma vocação para a fraternidade, que o habilita a ser uma palavra nova e pacificadora, numa hora, como a atual, ainda tão conturbada pela angústia e pelas dificuldades do após-guerra.

Acentuo este ponto, mui propositadamente, porque corresponde aos ideais que tendes defendido, com o vosso heroísmo, com a vossa cultura, com o sentido jurídico do vosso pensamento.

O nosso despertar

O Brasil não quer outra coisa, no mundo de hoje, senão a prática dos princípios que informam a civilização cristã, à luz da qual se processa o papel que nos coube, na procura da justiça e de um maior entendimento entre os homens. Somos com a nossa democracia social – perdoai esta afirmação que vos poderá parecer um tanto orgulhosa – um grande exemplo de conciliação que o destino humano revela. Não há, aqui, clima propício ao paganismo da força e à floração rubra dos Estados sem alma.

E porque assim somos – porque em nossos atos se reflete esse estilo de convívio social – estamos em condições de compreender a vossa obra e de, conscientemente, reconhecer o que tem sido a vossa fecunda atividade na pacificação dos conflitos em que se entrechocam os interesses de um mundo em transição.

Por certo, Sr. Van Zeeland, o futuro de um país jovem dependerá de serem as suas forças potenciais, miríficas na legenda, mas promissoras na realidade, mobilizadas pela vigorosa, inteligente e racional introdução da técnica em nossa economia ainda dominada por traços de colonialismo.

Em contraste com o vosso, os países como o Brasil, de desenvolvimento incipiente, não se podem beneficiar dos mesmos termos de uma política de liberalização do comércio exterior, que reclama, sobretudo, o desarmamento de defesas que lhes são indispensáveis nas condições atuais do seu progresso econômico. É que a participação das áreas novas no intercâmbio internacional depende do seu desenvolvimento. Só o aumento de seus capitais reais, a melhora dos seus níveis tecnológicos e, pois, a elevação de sua produtividade, lhes permitirá um aumento efetivo de seu poder de consumo, que se refletirá na ampliação de suas compras externas. Todavia, a capitalização ou industrialização desses países pode ser acelerada por dois processos: ou por uma adequada proteção que lhe assegure o controle do mercado interno, processo mais lento e ao mesmo tempo mais rigoroso, ou pela cooperação internacional, dentro de um novo conceito de direito internacional social e sob novas fórmulas positivas de ajuda econômica, técnica e financeira, que lhes proporcionem um rápido e seguro crescimento de produtividade.

A Europa também conheceu, quando lhe faleciam recursos tecnológicos, uma civilização mediterrânea, limitada em suas lindes geoeconômicas, e só ampliou a sua área de cultura e civilização quando o homem, armado da técnica, subjugou o frio. Nós também, latino-americanos, avançaremos, mais rapidamente, no plano de vigência econômica e social, quando dominarmos o emoliente calor tropical.

Mas que este nosso despertar, nos quadros do mundo moderno, não se sustenha apenas nos valores materiais, impelindo-nos no caminho desumanizador das civilizações mecanicistas, despidas de valores éticos, culturais e simbólicos. Nem nos dissocie, por assim dizer, de nosso contacto lírico com a natureza. Ao contrário. Nesta América Latina, de vínculos tão íntimos com o gênio do *Latium*, teremos que cultuar, também, numa constante axiológica, os fundamentos históricos que identificam a nossa civilização de origem. Jamais – acredito – seremos fascinados pelo *imperialismo tecnicista*, como chamou em hora de sombria apreensão, o filosofo Berdiaeff, aquele que sobrepõe, numa inversão nefasta da ordem racional, o endeusamento da máquina, elevando-o à categoria de subordinante dos valores do espírito.

Uma filha espiritual de Louvain

Viestes, Sr. Van Zeeland, trazendo, de Louvain, onde hauristes, no momento essencial da mocidade pensante, o espírito, a doutrina e a lógica tomistas. Mas permiti evocar um exemplo da vocação ecumênica de Louvain nesta terra, ainda cheia de paisagem e de sol.

Da cidade onde sois professor recebemos uma mensagem universitária da restauração do tomismo e de sua projeção formadora de gerações de Cristo e para Cristo, no piedoso serviço e zelo da sua Igreja Católica. O exemplo está em que a Faculdade de Filosofia de São Bento, em S. Paulo – núcleo inicial da hoje vitoriosa Universidade Católica de S. Paulo – é uma filha espiritual de Louvain.

Sr. Paul van Zeeland:

Ao concluir esta saudação – e sei que a assistência está ansiosa para ouvir a vossa sábia palavra – quero ainda afirmar, em torno da tese que ides expor, que repudiamos o pessimismo spengleriano relativo à decadência do Ocidente.

Para nós, como para vós, o Ocidente desperta. A retomada dos valores espirituais e cristãos, recolocados em termos de modernidade, pelas elites do pensamento europeu, e das Américas, não é um despertar? A recusa nas urnas livres, ao totalitarismo vermelho, repelindo-o para além das fronteiras espirituais da Europa, não é um despertar? Os índices de recuperação econômica e social do parque manufatureiro, destroçado pela violência bélica, não acusam um despertar? O pacto das cinco potências selado na vossa amada Bruxelas, não é um despertar?

Sr. Paul van Zeeland:

A Academia vos saúda!

Camila Lacerda Soares Cardoso, Raul Medici e May Uchoa.
(Segundo anotação no verso da foto.)

Roberto Simonsen, Eurico Gaspar Dutra (então presidente da República) e José Carlos de Macedo Soares.

Sala de posse na ABL.

Camila Lacerda Soares Cardoso, Rachel Simonsen, Gabriel Monteiro da Silva, Gastão Vidigal e Oswaldo Mariano (em pé).

*Recepção da posse no Copacabana Palace: Cecília Prado Simonsen,
Eduardo Simonsen, Oswaldo Mariano.*

Recepção da posse no Copacabana Palace: Cornélio Procópio (Jerry) Prado Simonsen e Eduardo Simonsen.

Roberto Simonsen

RUMO Á VERDADE

Sociologia - Politica - Economia

Discurso official na fundação da Escola Livre de Sociologia e Politica de São Paulo, a 27 de Maio de 1933.

1933
São Paulo Editora Limitada, imprimiu, rua Brigadeiro Tobias, 78-80

Outro importante estudo de Roberto Simonsen que a Sesi-SP Editora pretende reeditar.

4.
REPERCUSSÃO DA MORTE DE ROBERTO SIMONSEN

Esta seção, mediante a reprodução de manchetes, reportagens e discursos publicados em jornais da época, põe em destaque a comoção causada pela morte abrupta de Roberto Simonsen.

A FEDERAÇÃO DAS INDUSTRIAS DO ESTADO DE SÃO PAULO, solidaria com o pesar nacional pela infausta morte de seu presidente

SENADOR ROBERTO SIMONSEN

convida o povo paulista para receber, hoje, às 10 horas, na estação "Roosevelt", o corpo do ilustre e devotado filho de São Paulo, terra a que serviu até a exaustão de suas forças.

O SERVIÇO SOCIAL DA INDUSTRIA — "SESI" — solidario com o pesar nacional pela infausta morte do seu criador, o

SENADOR ROBERTO SIMONSEN

convida o povo paulista e os trabalhadores da industria em geral, para receberem, na estação "Roosevelt", hoje, às 10 horas, o corpo do ilustre filho de São Paulo, terra a que serviu até a exaustão de suas forças.

*Corpo de Roberto Simonsen é velado na residência da família,
na rua Marquês de Itu.*

Ofício fúnebre no cemitério da Consolação, comandado pelo monsenhor Rolim Loureiro.

Diário de S. Paulo, 26 de maio de 1948.

Perde o Brasil um dos valores mais representativos da sua vida econômica

FALECEU ONTEM NO RIO O SENADOR ROBERTO SIMONSEN
Discursava no momento do desenlace na Academia Brasileira de Letras.
Causou profunda impressão em todas as camadas de vida paulista a morte de Roberto Simonsen, líder da indústria no país e senador da República. Imediatamente se sentiu o vácuo. Uma vida tão presente, tão atual, tão integrada no próprio destino do Estado e do país mostra a plenitude de seu valor, de sua poderosa e constante vocação para servir e para ser útil, na consciência de todos, justamente como ela desaparece. Agora, ao perdê-la, é que podemos avaliar a falta que ela nos vai fazer!

CHEGARÁ HOJE ÀS 11 H O CORPO DO SENADOR SIMONSEN
Rio, 25 (Meridional) – Em trem especial será conduzido hoje para São Paulo o corpo do senador Roberto Simonsen, falecido à tarde. Acompanharão o corpo, representando o Senado Federal, os senadores Ivo de Aquino, Vespaciano Martins e Marcondes Filho. Representando a Academia Brasileira de letras seguirá para São Paulo acompanhando o corpo do ilustre morto o embaixador Macedo Soares. No sepultamento do senador Simonsen, falará em nome da Academia Brasileira de Letras o escritor Menotti del Picchia.

A ÚLTIMA FRASE DO SENADOR
O senador Roberto Simonsen faleceu ao terminar de pronunciar a frase "A Bélgica pagou o seu tributo."

Diario de S. Paulo

Diretor: ALVIMAR CALDAS

EDIÇÃO DE HOJE — 18 PÁGINAS — DUAS SECÇÕES

São Paulo — Quarta-feira, 26 de Maio de 1948

ANO XX — N. 6167

CAMISA DE FORÇA
Assis Chateaubriand

PERDE O BRASIL UM DOS VALORES MAIS REPRESENTATIVOS DA SUA VIDA ECONOMICA

FALECEU ONTEM NO RIO O SENADOR ROBERTO SIMONSEN

"O NOME DE ROBERTO SIMONSEN ESTÁ LIGADO À HISTORIA DO CRESCIMENTO MATERIAL DE SÃO PAULO E DO BRASIL"

Discursava no momento do desenlace na Academia Brasileira de Letras

Causou profunda impressão em todas as camadas de vida paulista, a morte de Roberto Simonsen, leader da industria no país e senador da Republica. Imediatamente se sentiu o vacuo. Uma vida tão presente, tão atual, tão integrada no proprio destino do Estado e do país mostra a plenitude de seu valor, de sua poderosa e constante vocação para servir e para ser util, na consciencia de todos. Justamente quando ele desaparece. Agora, ao perdê-lo é que podemos avaliar a falta que ela nos vai fazer. Numa hora dificil para o país, quando os

(Conclui na 2.a pág. da 2.a secção)

CHEGARÁ HOJE A'S 11 HS. O CORPO DO SENADOR SIMONSEN

RIO, 25 (Meridional) — Em trem especial será conduzido hoje para São Paulo o corpo do senador Roberto Simonsen, falecido à tarde. Acompanharão o corpo representantes do Senado Federal os senadores Ivo de Aquino, Vespasiano Martins e Mozendes Filho. Representando a Academia Brasileira de Letras seguirá para São Paulo, acompanhando o corpo do ilustre morto, o embaixador Mace-

"Perdi um dos meus maiores amigos e o Brasil um dos maiores brasileiros"

Afirmam os srs. Pereira Lira e João Daudt de Oliveira — Condolencias do governo paulista e do Partido Social Progressista

RIO, 25 (Meridional) — O ambiente na Academia Brasileira de Letras era de geral consternação, voltando-se todos os comentarios para a imprevisto do colapso que fulminou o senador Roberto Simonsen. Todos comentavam a grande perda que tal desaparecimento representa para o Brasil. Colhemos na oportunidade algumas palavras de ilustres figuras dos altos circulos nacionais. Disse o sr. João Daudt de Oliveira: "Perdi um dos meus maiores amigos e o Brasil perdeu um dos maiores brasileiros". Professor Pereira Lima: "O nome de Roberto Simonsen está ligado à Historia do crescimento material de São Paulo e do Brasil. O que eu, porém, pessoalmente aprecíava e homenageava era a sua obra de homem publi-

SENADOR ROBERTO SIMONSEN

INSTITUIDO LUTO OFICIAL

Homenagem de varias instituições

Por motivo do passamento do senador Roberto Simonsen a Federação das Industrias, Centro das Industrias, Senai e SESI suspenderam, ontem, (25), o expediente. Ficou estabelecido ainda em homenagem ao ilustre extinto que as diretorias daquelas organizações deverão comparecer incorporadas aos seus funerais.

O governador Adhemar de Barros pôs à disposição da familia Simonsen um avião da Vasp, para

(Conclui na 2.a pág. da 2.a secção)

SANTOS, 25 — Terá lugar amanhã, no Rio, a reunião dos banqueiros cariocas, paulistas e mineiros, convocados pelo ministro da Fazenda para opinar sobre a escassez de numerario, que cortem todas as praças do país, e as providencias que deverão ser adotadas, a fim de mitigar-se a crise. De São Paulo e do Rio, pelos nomes que vimos citados, verifica-se que o sr. Correa e Castro vai ter no seu meeting financeiro uma maioria esmagadora de banqueiros, adversarios conhecidos do papelorio, entre os convidados deslastre das emissões desasitradas. Basta correr a lista dos Barcos convidados para ver-se que nenhum dos temerarios inflacionistas, setarios apaixonados do Bando da Lua, estará presente. Do Ministerio da Fazenda, gente ioneça, que viveu comprometida nas origens do credito bancario e pessoal, foi o traço dominante das atividades dos prestamistas, sob o Estado Novo.

Ncaso sistema de credito possue uma constelação de bancos de primeira grandeza. Foi com esta gente, sabendo operar com bem na bancaria, que resistimos ás dias duras da deflação do credito e da suspensão das emissões, que se seguiram à ascensão do general Dutra ao governo. Dele é que se tiram os aplausos calorosos ao sr. tt emissionismo do presidente e sua firme politica orçamentaria e conseguir a todo transe o equilibrio entre a lei de meios e as despesas publicas. Sem o apoio sincero e cordial da comunidade bancaria brasileira não haveria o êxito sabido de duas jornadas, da deflação do credito e do equilibrio orçamentario.

Vai defrontar-se, portanto, ministro da Fazenda, antes de tudo, com companheiros das suas trajetorias, que conferem ao primeiro governo constitucional, depois da ditadura, os flôrões de uma administração á altura em brecem com a de Campos Salles e Joaquim Murtinho. O governo no campo financeiro, pode fazer toda coisa. Não tudo, porém, indispensavel que a finança privada o ajude a resolver problemas que não estão em limites.

(Conclui na 5.a pág.)

Instituído luto oficial por três dias no estado

OUTRAS HOMENAGENS DETERMINADAS PELO GOVERNO
O governador Adhemar de Barros, logo que teve conhecimento do passamento do senador Roberto Simonsen, tomou várias providências a fim de serem prestados ao ilustre morto as seguintes homenagens: solicitar ao senador Euclydes Vieira e ao deputado Campos Vergal que, em nome do governo acompanhe a trasladação do corpo até São Paulo; apresentar pêsames à família enlutada, oferecendo os préstimos do governo do estado para o traslado do corpo do Rio para São Paulo; comparecer, acompanhado de todos os membros do seu governo, aos funerais, decretar por três dias, luto oficial em todo território do estado de São Paulo.

DECRETO DE LUTO OFICIAL
O decreto que estabelece o luto oficial em todo o estado, pelo falecimento do senador Roberto Simonsen, está sendo assim redigido: "Considerando que, com o falecimento do senador Roberto Simonsen, perde São Paulo um dos valores mais representativos da sua cultura, do seu progresso econômico e de sua vida social e política, considerando que pelos serviços que prestou a este estado a ao país, merece eminente brasileiro todas as homenagens do governo e do povo de São Paulo, decreta: Artigo único – Fica instituído por três dias, em todo o estado, luto oficial em homenagem a memória do senador Roberto Simonsen, hoje falecido no Rio de Janeiro.

"NÃO HÁ, AQUI, CLIMA PROPÍCIO AO PAGANISMO DA FORÇA E À FLORAÇÃO RUBRA DOS ESTADOS SEM ALMA".

Este é o discurso que o Sr. Roberto Simonsen proferia quando o colheu a morte. Na recepção oferecida pela Academia Brasileira de Letras ao senador belga Paul van Zeeland, encarregado de saudá-lo em nome de seus colegas acadêmicos, o senador por São Paulo aproveitava, como sempre o fez, a oportunidade para dar

Adhemar de Barros, interventor federal em São Paulo, e Oswaldo Mariano (de costas).

a sua contribuição ao bem-estar de seus concidadãos, sem se esquecer, uma vez sequer da grande obra da manutenção do bom entendimento entre os povos de que era também um paladino.

O Sr. Euvaldo Lodi:

Ninguém pode avaliar a extensão de perda para o Brasil com o falecimento do senador Roberto Simonsen. Em plena luta com engrandecimento do Brasil ocupava Roberto Simonsen a posição de um comandante em pleno campo de batalha. A economia nacional perdeu o seu mais alto representante e seu maior criador. Os seus discípulos saberão honrar a sua memória.

CONDOLÊNCIA DO GOVERNO PAULISTA E DO P. S. P.
RIO, 25 (Meridional) – Logo após ter sido conhecida a morte de Sr. Roberto Simonsen dirigiu-se para a Academia Brasileira de Letras, onde se achava instalada a câmara ardente, o Sr. Marcelo Ulisses Rodrigues, secretário da Fazenda do governo de São Paulo, que ali foi a fim de levar as condolências do governo paulista pelo infausto acontecimento. Posteriormente, ali esteve também o Sr. Jurandir Pires Ferreira, deputado federal, chefiando numerosa delegação de Partido Social Progressista.

SUSPENSA AS ATIVIDADES DA ESCOLA DE SOCIOLOGIA
Em sinal de profunda consternação pelo falecimento do seu eminente professor catedrático e grande benfeitor, senador Roberto Simonsen, a Escola Livre de Sociologia e Política de São Paulo resolveu suspender suas aulas por três dias. O Conselho Superior, a Diretoria, o Corpo Docente e o Centro Acadêmico deste estabelecimento comparecerão incorporados aos funerais do ilustre brasileiro.

Oswaldo Mariano discursa em nome dos alunos da PUC no enterro de Roberto Simonsen, com o radialista Murilo Antunes Alves, segurando o microfone, no Cemitério da Consolação.

Diário de S. Paulo, 26 de maio de 1948.

Morreu como desejava: de pé, pugnando pelos supremos interesses do Brasil

Manifestam-se os líderes da economia paulista acerca da morte do senador Roberto Simonsen.

Um dirigente possuidor de vasto conhecimento – autêntico representante industrial do século XX – grande trabalhador pela causa pública.

A respeito do falecimento do senador Roberto Simonsen, a reportagem do DIÁRIO DE S. PAULO teve a oportunidade de ouvir representantes de todos os ramos da atividade econômica.

ALMEJAVA UM BRASIL MAIOR E PRÓSPERO
Do Sr. Armando Arruda Pereira, presidente do Centro das Indústrias do Estado de São Paulo, e diretor do Departamento Estadual do Serviço Social das Indústrias – SESI:

– "Senti, profundamente o golpe que atingiu não só o amigo ou o companheiro de luta diuturna, mas a obra que o grande senador empreendeu em toda a sua vida a favor de um Brasil maior, próspero e feliz. O tempo e a posteridade é que serão capazes de avaliar a perda que a nação sofre."

Do Sr. Humberto Reis Costa, presidente do Sindicato da Indústria de Fiação e Tecelagem no Estado de São Paulo e diretor da Federação das Indústrias:

PRIMEIRA SECÇÃO
8 PAGINAS

Diario de S. Paulo

São Paulo — Quarta-feira, 26 de Maio de 1948

DEIXA SEU NOME LIGADO AO PLANO DE REERGUIMENTO NACIONAL

«MORREU COMO DESEJAVA: DE PÉ, PUGNANDO PELOS SUPREMOS INTERESSES DO BRASIL»

MANIFESTAM-SE OS LEADERS DA ECONOMIA PAULISTA ACERCA DA MORTE DO SENADOR ROBERTO SIMONSEN

Um dirigente possuidor de vastos conhecimentos — Autêntico representante industrial do século XX — Grande trabalhador pela causa pública

«Foi uma singular organização de homem público a quem o Brasil deve serviços inestimaveis»

"ESSA GRANDE FIGURA HONRARIA QUALQUER PARLAMENTO DO MUNDO"

DEPUTADOS E CHEFES PARTIDARIOS FALAM SOBRE A PERSONALIDADE DO GRANDE PAULISTA

– "Todos que tivemos a honra de colaborar com o senador Roberto Simonsen, lamentamos a perda que as forças produtoras do país experimentam. Morreu como sempre desejava: de pé, pugnando pelos mais alevantados interesses do Brasil."

Do Sr. Domingos Pires de Oliveira Dias, presidente do Sindicato da Indústria de Produtos Farmacêuticos no Estado de São Paulo e diretor da Federação das Indústrias:
– "Grande perda para a indústria, pois era um dirigente possuidor de vasto conhecimento. Homem de ampla visão, fará muita falta nesta quadra difícil do país. Sempre foi um conselheiro e um amigo dos industriais nas horas difíceis."

Do Sr. Ariston Azevedo, diretor da Federação das Indústrias:
– "Estávamos aguardando sua vinda a São Paulo, pois necessitávamos de sua presença aqui, a fim de tomarmos determinadas deliberações. Perdemos um grande líder e um grande chefe."

Do Sr. Antonio Devisate, presidente do Sindicato da Indústria de Calçados no Estado de São Paulo e vice-presidente da Federação das Indústrias:
– "Não só a indústria perde um grande dirigente, mas o Brasil perde um de seus maiores homens públicos da época. Todo o país deve estar de luto pelo falecimento de Roberto Simonsen."

FOI UMA SINGULAR ORGANIZAÇÃO DE HOMEM PÚBLICO
A QUEM O BRASIL DEVE SERVIÇOS INESTIMÁVEIS.

Na frente, o radialista Murilo Antunes Alves segura o microfone direcionado a um orador não identificado. Atrás, o secretário da Justiça João de Deus Cardoso de Mello, o poeta Menotti Del Picchia (de óculos) e Oswaldo Mariano, no enterro de Roberto Simonsen no cemitério da Consolação.

Essa grande figura honraria qualquer parlamento do mundo.

Deputados e chefes partidários falam sobre a personalidade do grande paulista.

Nos meios políticos, a notícia da morte do senador Roberto Simonsen teve ampla repercussão. Entre os deputados, recolhemos a impressão da infausta notícia que à tarde circulou em todas as camadas sociais. São estas as opiniões colocadas sobre o líder da economia paulista:

PERDA LAMENTÁVEL
Do Sr. Álvaro Florence, presidente da Assembleia Legislativa do Estado:
– "É uma perda lamentável. Com sua morte, São Paulo se priva de uma das suas mais destacadas figuras. Homem dinâmico, realizador, muito fez em prol da riqueza deste Estado e do país. Espírito brilhante, conceituado no mundo cultural de nossa terra, Roberto Simonsen por muitos títulos se impôs à consideração e ao respeito dos seus patrícios."

CAMPEÃO ALTIVO
Do Sr. Oliveira Costa, líder do P.S.D.: – "Perdeu São Paulo e o Brasil, com a morte de Roberto Simonsen, um campeão altivo e obstinado da evolução industrial do país."

SINGULAR ORGANIZAÇÃO
Do Sr. Auro Soares de Moura Andrade, líder da U.D.N.: – "Foi Roberto Simonsen uma singular organização de homem público, a quem o Brasil deve serviços inestimáveis. [...] Pois ele foi, na verdade, um autêntico, um verdadeiro, um consciente líder, na exata significação do vocábulo."

EMANCIPAÇÃO DA PÁTRIA
Do Sr. Cássio Ciampolini, líder do P.T.B.: – "Poucos cidadãos, no

Brasil, trabalharam tanto quanto ele pela emancipação econômica de nossa pátria. Um lidador esplêndido, obstinado, incansável, rico de substância patriótica."

AGLUTINADOR DE ENERGIAS

Do Sr. Salles Filho, líder do P.R.: – "Roberto Simonsen tem a sua vida indelevelmente vinculada ao desenvolvimento econômico de São Paulo. Aglutinador de energias foi Roberto Simonsen, ele mesmo, um dínamo potentíssimo, que impulsionou São Paulo vigorosamente."

DEVOTADO SERVIDOR

Do Sr. Mario Beni do Partido Social Progressista:

– "Com o desaparecimento do Sr. Roberto Simonsen, perde São Paulo mais uma expressão forte de cultura e inteligência a serviço da pátria. Perde o Brasil um grande senador e seu povo um devotado servidor."

***

O deputado Altino Arantes, da direção estadual do Partido Republicano, assim se exprimiu:

– "Acabo de receber com profunda emoção e grande sentimento a notícia do passamento de Roberto Simonsen. É um paulista ilustre por todos os títulos e desaparece do nosso cenário social, político, econômico e literário deixando nele um sulco de imensa saudade e de admiração, pelos inestimáveis serviços que prestou a São Paulo e ao Brasil."

Prof. Waldemar Ferreira, chefe estadual da U.D.N.:

– "A qualidade primacial do espírito de Roberto Simonsen era a fidalguia de expressão que muito bem externava a sua insinuante figura de escritor de largos recursos. Homem afeito ao trato dos problemas sociais que tanto tumultuavam a vida contemporânea, soube ele examiná-los em estilo vivaz e sugestivo. Os méritos de sua obra alcançaram o devido realce no país. A sua morte nas condições em que se verificou foi o remate de uma vida intensa e brilhantemente vivida."

O Sr. Cesar Vergueiro, da Comissão Executiva Estadual do Partido Social Democrático, procurado pelo repórter, disse:
– "Era um homem de grande valor intelectual, de extraordinária cultura e de um dinamismo admirável. Essa grande figura honraria qualquer Parlamento do mundo."

UM GRANDE PATRIOTA
Resumindo a opinião sobre a personalidade do grande paulista disse o deputado Nelson Fernandes, presidente do Diretório Estadual do P.T.B. e primeiro vice-presidente da Assembleia Legislativa:
– "Perde São Paulo um grande paulista. Eis tudo o que podia dizer de Roberto Simonsen."

Do Sr. Marrey Junior, presidente da Câmara dos Vereadores da capital, ouvimos o seguinte:
– "Uma perda de um notável brasileiro e grande patriota."

Do Deputado Loureiro Junior, do P.R.P.
– "A morte de Roberto Simonsen, foi uma grande perda para S. Paulo e para o Brasil. Roberto Simonsen possuía uma visão realista de nossas possibilidades econômicas e aliava esse conhecimento a uma extraordinária capacidade de realização."

GRANDE FIGURA
Do Sr. Silvio Pereira, líder do P.T.N.
– "As forças conservadoras perdem uma figura de primeira linha. Em qualquer que seja o campo político em que estejamos não podemos deixar de reconhecer o alto valor cultural do ilustre extinto."

Chegada do corpo de Roberto Simonsen em São Paulo, na Estação Roosevelt.

A Noite, 27 de maio de 1948.

Entregue a Piratininga o corpo de um grande bandeirante

São Paulo viveu ontem um de seus dias mais tristes, cobrindo-se de luto e dor para receber o corpo do senador Roberto Simonsen, falecido na Capital Federal.

Às 11h30 entrava na estação "Roosevelt" a composição especial da Central do Brasil, que trazia os restos mortais do ilustre filho de São Paulo. Acompanhavam-no, além de membros de sua família, altas autoridades federais, entre as quais os senadores Marcondes Filho e Ivo de Aquino, representando o Senado Federal[,] e Euclides Vieira, representando o governo do Estado, membros da Câmara Federal, da Academia Brasileira de Letras, e pessoas gradas da sociedade carioca e paulista.

O esquife foi retirado do carro pelos Srs. Governador Adhemar de Barros, Wallace Simonsen, Toledo Artigas, Mario Beni, Senador Marcondes Filho, Cel. João Negrão, Caio Dias Batista e Senador Ivo de Aquino, formando-se[,] a seguir, o cortejo fúnebre, que rumou para a residência da família, à Rua Marques de Itu, 902.

O sepultamento

Durante toda a tarde de ontem, compareceram à residência do senador Roberto Simonsen centenas de pessoas pertencentes a todas as classes sociais, desde o operário ao dirigente de indústria e expoentes dos meios políticos, culturais e sociais de São Paulo, que prestaram ao ilustre extinto as suas homenagens.

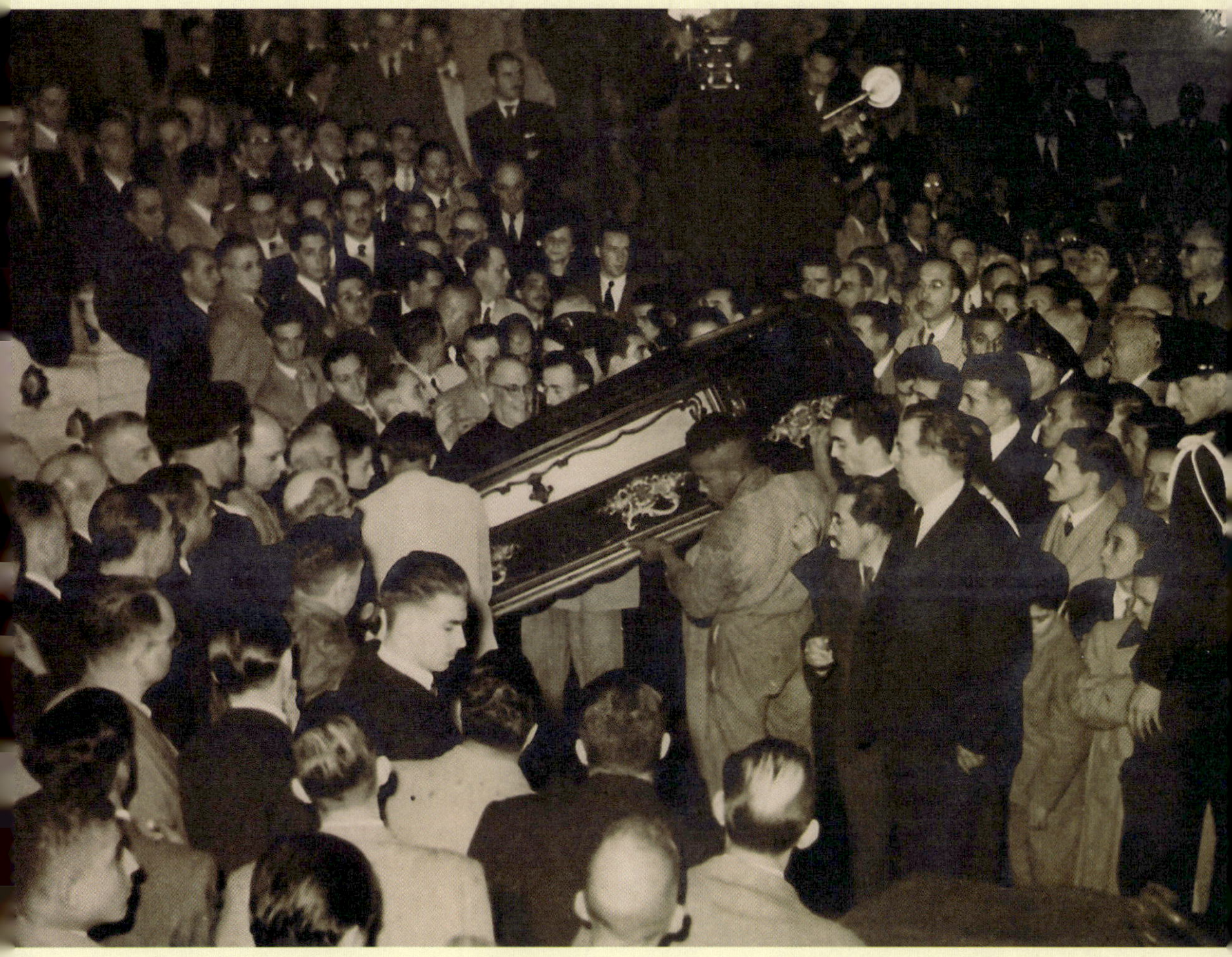

Poucos momentos antes de iniciar-se o cortejo fúnebre que conduziu o corpo à necrópole da Consolação, sob a chuva que caía incessante, compareceu o governador Adhemar de Barros, acompanhado de membros das Casas Civil e Militar e do Secretariado incorporado. Nos jardins da residência, permaneceram as altas autoridades e elementos de representação, pois o interior do prédio estava literalmente tomado. Entretanto, às 17 horas, quando o corpo foi retirado da câmara funerária, transportaram-no até os portões, além do chefe do Executivo paulista, o prefeito da Capital, representantes da Câmara Legislativa Estadual, do Tribunal de Justiça, Academias Paulista e Brasileira de Letras e pessoas da família enlutada. Também o Senado da República, pelo Sr. Marcondes Filho, transportou o esquife, tendo comparecido, ainda, os senadores Ivo de Aquino, Euclides Vieira e Vespasiano Martins, que acompanharam o extinto na viagem para esta Capital.

Revela notar que, sendo o senador Roberto Simonsen um homem ligado às altas esferas econômicas, não foram só os seus expoentes que compareceram ao sepultamento, pois, nas proximidades da residência grande multidão de pessoas humildes mostrava-se profundamente consternada pelo infausto acontecimento. É verdade que, através do SESI, SENAI, outras instituições e por intermédio do Pavilhão Fernandinho Simonsen, na Santa Casa local, o ilustre homem público mantinha serviços de assistência social de toda natureza.

Formado o cortejo fúnebre, ainda sob a chuva que durante toda a cerimônia caiu sobre a cidade, centenas de automóveis dirigiam-se para o cemitério da Consolação. Ao chegar ao cruzamento da Rua Sergipe com Consolação, o esquife de ébano foi descido do carro fúnebre e, agora, transportado por representantes sindicais.

A encomendação do corpo do senador Roberto Simonsen foi procedida na capela daquela necrópole pelo Mons. Rolim Loureiro, chanceler do Arcebispado de São Paulo.

Antes de descerem à sepultura os restos mortais foram reverenciados por pessoas da mais alta expressão social e representantes de entidades estudantinas e dos trabalhadores, sentindo-se que todos os oradores estavam tomados de intensa emoção.

Discurso do Sr. Armando Arruda Pereira pelo "Sesi" e pelos amigos.

"Roberto.

Aqui está teu amigo e companheiro que teve a felicidade de sempre combater o bom combate contigo por mais de trinta e um anos.

A amizade é como um fio de ouro no qual enfiamos pérolas cada dia, fazendo um precioso colar de recordações, para que sirvam na tristeza de conforto e na paz de espírito como na alegria de estímulo para novos empreendimentos.

O exemplo que deixaste para teus amigos frutificará. Tinhas consciência da responsabilidade individual que te cabia como cidadão da pátria que tanto amavas e tanto serviste!

Não se pode ver montanhas desde a base. É preciso galgá-las, e tu galgaste para que do seu cume descortinasses o vasto horizonte donde trazias com tua inteligência privilegiada essas ideias magistrais, essas soluções precisas para os mais variados e complicados problemas.

A nau[,] que com mão firme conduzias, está desarvorada, seu mastro principal partido para sempre...

Teus amigos procurarão[,] unidos pela saudade imorredoura, levar avante, na esteira luminosa que deixaste, tuas grandes fundições e iniciativas.

Sic quaerus monumentum, circunspics.

Se procuras o monumento, olha ao teu derredor... Já o construíste, e agora, na tua falta sobre a terra, é que a cada momento vamos verificar o grande monumento que construíste.

Descansa em paz amigo querido. Como São Paulo, combateste o bom combate até o fim, e sempre mantiveste a tua fé inabalável, em todos os momentos, pelo teu exemplo, encorajando teus companheiros e amigos,

Adeus"!

A Noite, 27 de maio de 1948.

Retrato de um líder morto

Durante a sessão realizada ontem pela Assembleia Legislativa, o deputado Brasílio Machado Neto pronuncia, exaltando a memória do senador Roberto Simonsen, o seguinte e brilhante discurso:

"Sr. Presidente, Srs. Deputados. Como um raio que cortasse de súbito o céu azul da tarde bela e tranquila de ontem, tão própria do outono luminoso do nosso de cantado altiplano, chegou a São Paulo, às últimas horas do dia a notícia do falecimento de Roberto Simonsen. Quem o tivesse visto como eu, ainda há pouco tempo, assoberbado de trabalho, que o seu dinamismo não vencia e cheio de preocupações que o seu patriotismo despertava sem cessar, não poderia imaginar que a sua labuta trepidante de batalhador incansável estivesse para se findar.

Em verdade, foi a sua paixão incoercível de realizar que impulsionou sempre e sempre a sua personalidade de elite. Embora senhor de sólida cultura, que o transformou sem favor num dos maiores economistas que o Brasil já contou, ainda que o seu alto espírito público o tivesse arrastado irresistivelmente para o estudo dos nossos problemas fundamentais; a despeito de sua permanente tendência para as coisas do espírito; que o levou a fundar instituições, como a Escola Livre de Sociologia e Política, e a pertencer a cenáculos como a Academia de Ciências Econômicas de São Paulo, a Academia Paulista de Letras e a Academia Brasileira de Letras;

não obstante possuir um coração generoso, que associou o seu nome a notáveis obras de caridade, foi a ânsia para a ação o seu traço mais característico, e a luta a sua vocação mais absorvente.

Desde moço a sua vida foi um combate sem tréguas e uma atividade sem descanso. Primeiro para conquistar a sua independência econômica; após, para defender a sua primeira obra de engenharia de vulto nacional, que a confiança do grande Calogeras lhe entregou; depois, para preservar o seu nome dos ataques insidiosos que o tumultuar próprio de todo o período pós-revolucionário fez brotar em nosso Estado, depois de [19]30; em seguida, para servir São Paulo, de corpo e alma como o fez, na memorável jornada Constitucionalista; mais tarde para bater-se, com denodo, na Constituinte de 33, pela concretização das aspirações do povo paulista; e, sucessivamente, para preservar os interesses legítimos da indústria nacional, para fortalecer o espírito de classe daqueles que estão ligados à produção e à circulação da riqueza. Finalmente, movido pelo mais nobre dos impulsos, devotou-se a sua luta mais bela e mais fecunda, aquela que vinha travando com tenacidade, para arrancar o povo brasileiro da pobreza em que vive e para implantar em nossa terra uma verdadeira paz social.

Diante de sua individualidade marcante, não era possível a indiferença; pertencia à categoria privilegiada dos homens que ou despertam admiração entusiástica ou provocam reações apaixonadas.

Deus, na sua infinita justiça, não poderia dar-lhe outro fim mais condizente com a sua vida vibrante. Morreu como morrem os combatentes: de armas na mão, no fragor da batalha, em plena atividade, pois, como quer Keyser Ling, a palavra é a mais nobre das formas de ação.

A pátria fica a lhe dever serviços inestimáveis e as sementes que generosamente lançou, sob a inspiração de seu idealismo e a custa de canseiras infindas[,] há de continuar a medrar, para honrar de seu nome para orgulho de sua geração e para felicidade de São Paulo e do Brasil (muito bem! Palmas).

Máscara mortuária de Roberto Simonsen, publicada no
Diário de S. Paulo, *em 28 de maio de 1948.*

Quarta-feira, 26 de Maio de 1948 — CORREIO PAULISTANO

Faleceu ontem no Rio, subitamente, o senador Roberto Simonsen

O destacado homem publico tombou fulminado por uma sincope quando proferia, em sessão da Academia Brasileira de Letras, o discurso de saudação ao sr. Paul Van Zeeland — Traços biograficos do ilustre lider das classes conservadoras — Homenagens funebres — Luto oficial em São Paulo — Trasladação do corpo para esta capital — Os funerais, às 17 horas

Com o inesperado desaparecimento de Roberto Simonsen, perde o Brasil uma das expressões mais robustas e inquietas do homem de ação. Engenheiro, industrial, animador dos grandes empreendimentos, sua vocação para a vida publica o situava na galeria dos cidadãos marcados pelo destino para promover o enriquecimento das coletividades, bem mais do que para locupletar-se individualmente, de tal sorte se habituara a ligar todas as idéias de progresso ao ambito da vida nacional, a projetar aí a sua energia trepidante.

De certo, outro que não o homem que ontem tombou em plena Academia de Letras, quando saudava um visitante ilustre, dispondo como dispunha de meios para "gozar o ocio com dignidade", teria ha muito abandonado a vida publica a fim de fruir pacificamente os rendimentos de uma bela fortuna. Mas Roberto Simonsen, pertencendo à estirpe dinamica dos Mauás, jamais admitiu a inercia voluptuosa dos ricaços ociosos. O enriquecimento pessoal, ele só o encarava como um fenomeno inelutavel nos paises de capitalismo incipiente, para acelerar todas as formas de produção que elevam o teôr economico-financeiro dos povos na sua marcha para o futuro.

E' ver os seus trabalhos elaborados na calma do gabinete. Copiosa é a obra escrita por esse homem, para quem o mundo do pensamento estava longe de ser a esfera propicia aos devaneios artisticos; todos esses trabalhos, como a "Historia Economica do Brasil", visam aclarar os problemas do país, lançando luz sobre um sem numero de questões ainda não suficientemente explicadas, suscitando debates apaixonados ao redor dessas questões, no empenho de forçar as nossas "elites" artificiais a arregalar os olhos à realidade fecunda. Assim, o homem de trabalho se tornava um professor de ação, transformando em sabias lições a propria experiencia amadurecida no diuturno labor em contato com o mundo objetivo da industria, do comercio e da alta finança.

Dias antes de cerrar os olhos para sempre, o homem de combate que havia no senador Roberto Simonsen nos legava uma lucida pagina de analise sobre a politica externa do país, lida no Clube Militar, para apontar os perigos de não sermos atendidos em nossas necessidades mais urgentes pelo

Expansão Industrial Brasileira", 1937; "A Industria em face da Economia Nacional", 1937; "Aspectos da Historia Economica do Brasil", 1938; "Evolução Industrial do Brasil", 1939; "Objetivos da Engenharia Nacional", 1939; "Recursos Economicos e Movimentos de População", 1940; "Niveis de Vida e a Economia Nacional", 1940; "As Industrias e as Pesquisas Tecnologicas", 1941; "Ensaios Sociais, Politicos e Economicos", 1943; "Alguns Aspectos da Politica Economica mais Conveniente ao Brasil para o periodo de Após-Guerra", 1943; "A Engenharia e a Industria", 1944; "A Agricultura e a Industria", 1944; "A Industria e o Intercambio Economico Brasil-Estados Unidos", 1944; "A Imprensa e a Industria", 1944; "A Industria e o Intercambio com o Chile", 1944; "A Planificação da Economia Brasileira", 1944; "O Conceito da Renda Nacional e sua Influencia na Elevação dos Padrões de Vida"; "Cooperação Economica entre as Nações"; "Medidas para auxiliar a elevação dos niveis da vida nos paises pobres", 1944; "Discurso Inaugural do Congresso Brasileiro da Industria", 1944; "A Industria e seus Problemas Economicos", 1945; "Roosevelt", 1945; "O Planejamento da Economia Brasileira", 1945; "O Problema Social no Brasil", 1946; "Atividades do Serviço Social da Industria no Estado de São Paulo", 1947; "O Plano Marshall e suas repercussões economicas na America Latina", 1947; varios relatorios referentes às atividades de entidades economicas e associações de classe.

Ha varios anos o sr. Roberto Simonsen vinha sendo reeleito presidente da Federação das Industrias e do Centro das Industrias, de S. Paulo, afastando-se dessas presidencias para o exercicio da senatoria federal, pelo Estado de São Paulo.

LUTO OFICIAL

Imediatamente depois de receber a infausta noticia do falecimento do senador Roberto Simonsen, insigne representante de São Paulo no Senado da Republica, o governo do Estado resolveu prestar as seguintes homenagens à memoria do ilustre extinto:

1) — Solicitar ao senador Euclides Vieira e ao deputado Campos Vergal acompanhar o corpo da Capital Federal a São Paulo;

2) — Apresentar pesames à familia enlutada, oferecendo os prestimos do

Senador Roberto Simonsen

Correio Paulistano, 26 de maio de 1948.

Faleceu ontem no Rio, subitamente, o senador Roberto Simonsen

O destacado homem público tombou fulminado por uma síncope quando proferia, em sessão da Academia Brasileira de Letras, o discurso de saudação ao Sr. Paul van Zeeland.

Com o inesperado desaparecimento de Roberto Simonsen, perde o Brasil uma das expressões mais robustas e inquietas do homem de ação. Engenheiro, industrial, animador dos grandes empreendimentos, sua vocação para a vida pública o situava na galeria dos cidadãos marcados pelo destino para promover o enriquecimento das coletividades, bem mais do que para locupletar-se individualmente, de tal sorte se habituara a ligar todas as ideias de progresso ao âmbito da vida nacional, a projetar aí a sua energia trepidante.

De certo, outro que não o homem que ontem tombou em plena Academia de Letras, quando saudava um visitante ilustre, dispondo como dispunha de meios para "gozar o ócio com dignidade", teria há muito abandonado a vida pública a fim de fruir pacificamente os rendimentos de uma bela fortuna. Mas Roberto Simonsen, pertencendo à estirpe dinâmica dos Mauá, jamais admitiu a inércia voluptuosa dos ricaços ociosos. O enriquecimento pessoal, ele só o encarava como um fenômeno inelutável nos países de capitalismo incipiente, para acelerar todas as formas de produção que elevam o teor econômico-financeiro dos povos na sua marcha para o futuro.

E ver os seus trabalhos elaborados na calma do gabinete. Copiosa é a obra escrita por esse homem, pra quem o mundo do pensamento estava longe de ser a esfera propícia aos devaneios artísticos; todos esses trabalhos, como a "História Econômica do Brasil", visam aclarar os problemas do país, lançando luz sobre um sem número de questões ainda não suficientemente explicadas, suscitando debates apaixonados ao redor dessas questões, no empenho de forçar as nossas "elites" artificiais a arregalar os olhos à realidade fecunda. Assim, o homem de trabalho se tornava um professor de ação, transformando em sábias lições a própria experiência amadurecida no diuturno labor em contato com o mundo objetivo da indústria, do comércio e da alta finança.

Dias antes de cerrar os olhos para sempre, o homem de combate que havia no senador Roberto Simonsen nos legava uma lúcida página de análise sobre a política externa do país, lida no Clube Militar, para apontar os perigos de não sermos atendidos em nossas necessidades mais urgentes pelo "Plano Marshall".

As circunstâncias excepcionais em que tombou para sempre, como o roble ferido pelo raio no seio da floresta, ainda apontam Roberto Simonsen à admiração de quantos intimamente o conheceram, e mesmo daqueles que apenas de longe lhe seguiam a brilhante trajetória: com o organismo minado por pertinaz enfermidade, não deu ouvido aos médicos que lhe aconselhavam repouso, e foi encontrar a morte em plena atividade, fazendo as honras da casa a um hóspede eminente.

Não sendo avultado em nosso país o número dos militantes dessa espécie, isto é, dos homens para quem as próprias atividade[s] privatistas são um modo de servir aos interesses da nação, dignificando-a, exalçando-a, engrandecendo-a, aceitemos como perda irreparável o desaparecimento desse brasileiro que não conheceu descanso, e junto do qual, como dizia um político inglês a respeito do Disraeli, no dia da sua morte pranteadíssima, "a vida nunca foi monótona".

A notícia do falecimento

RIO, 25 ("Correio") – Acaba de falecer o senador Roberto Simonsen.

A triste ocorrência, que surpreendeu a cidade às primeiras horas da noite de hoje, verificou-se na Academia Brasileira de Letras, quando ali era recebido o ex-ministro belga Paul van Zeeland, ora em visita ao nosso país.

O acadêmico escolhido para saudá-lo foi justamente o Sr. Roberto Simonsen, que, a certa altura do seu discurso, tombou sobre a tribuna, fulminado por uma apoplexia. Embora socorrido imediatamente pelos seus colegas e pessoas presentes, inclusive pelo prof. Clementino Fraga, poucos minutos mais teve de vida.

Como se verificou o óbito

No momento em que o senador Roberto Simonsen lia o seu discurso de recepção ao visitante belga, algumas pessoas, entre as muitas que na ocasião se encontravam no salão de honra da Academia, notaram que algo de estranho se passava com o orador, isso porque o mesmo parecia perder-se entre as frases e conceitos da sua oração; justamente na ocasião em que pronunciara a frase "a Bélgica pagou o seu tributo" tomba sobre a mesa, sendo imediatamente amparado pelo acadêmico Mucio Leão, que presidia a dita solenidade[,] e pelo jornalista Porto da Silveira, que se achava nas proximidades, os quais procuraram, de pronto, conduzi-lo na própria cadeira para o gabinete do presidente da Academia. Já neste momento acudiam vários acadêmicos, entre eles os Srs. Peregrino Junior, Antonio Austregésilo e Pedro Calmon, tendo os dois primeiros, com o auxílio de um pequeno canivete, realizado uma sangria, o que, infelizmente, não logrou o êxito esperado, pois, minutos após, o senador e acadêmico Roberto Simonsen exalava o último suspiro.

Condolências do presidente da República

Assim que foi informado da dolorosa ocorrência, o Sr. presidente da República, por intermédio do prof.° Pereira Lira, chefe do seu gabinete civil, apresentou condolências à Academia e aos membros da família enlutada.

Homenagem da Academia

Dentre as providências adotadas pela Casa de Machado de Assis em face do lutuoso acontecimento, foi determinada a transladação do corpo para a capital bandeirante, obedecendo assim o desejo da família do extinto, o que foi feito, hoje mesmo, às 23 horas, em trem especial; a designação do embaixador José Carlos de Macedo Soares para, como representante, acompanhar o corpo até São Paulo; também foi designado o escritor Menotti Del Picchia para proferir o discurso de despedida da Academia e, finalmente, que todos os seus membros compareçam ao translado do corpo.

Homenagem do Senado

O senador Nereu Ramos, assim que foi informado do falecimento do senador Roberto Simonsen, imediatamente compareceu à Academia e apresentou suas condolências e as do Senado Federal e, ao mesmo tempo, comunicou que aquela Casa havia designado os senadores Marcondes Filho, Ivo de Aquino e Vespasiano Martins para representá-la nos funerais daquele membro do Senado, e que, por sua vez, o Partido Social Democrático se associava às homenagens que serão prestadas à memória do parlamentar paulista, solicitando o Sr. Nereu Ramos do embaixador Macedo Soares que, nas mesmas, o representasse.

Condolências da Câmara dos Deputados

O presidente da Câmara dos Deputados, Sr. Samuel Duarte, também compareceu à sede da Academia, apresentando as suas condolências e comunicando ter solicitado aos deputados Euvaldo Lodi, Aureliano Leite e Honório Monteiro para representarem a Câmara Federal nos funerais.

Pessoas presentes

Além das personalidades já mencionadas estiveram na Academia Brasileira de Letras os senadores Melo Viana, vice-presidente do Senado Federal, ministro Morvan Dias Figueiredo, deputado José Armando Fonseca também representando o governador de São Paulo, Srs. João Daudt de Oliveira, Anibal Porto, todos os membros da Academia de Letras, representantes de associações políticas, sociais e literárias, vários parlamentares e amigos do ilustre morto.

A personalidade do ilustre extinto

Nasceu o Dr. Roberto Cochrane Simonsen em Santos, a 18 de fevereiro de 1889, pertencendo a uma tradicional família brasileira.

Diplomou-se como engenheiro civil pela Escola Politécnica de São Paulo. Depois de formado, dedicou-se à indústria e ao comércio, dirigindo numerosas empresas, bancos e fábricas.

Ao mesmo tempo, estudava profundamente os mais importantes problemas econômicos e financeiros do país. Publicou excelentes ensaios sobre o assunto revelando-se fino escritor, espírito perfeitamente informado a respeito dos problemas modernos e possuidor de grande cultura.

No setor político-administrativo não menos sugestiva é a evidência em que se colocou, quer como deputado integrante de várias comissões no Congresso Federal quer como representante do Brasil em numerosos congressos internacionais.

A vida cultural, pública e profissional do senador Roberto Simonsen reflete a sua extraordinária personalidade.

Engenheiro civil da Escola Politécnica de S. Paulo, membro dos Institutos Históricos e Geográficos de S. Paulo, Santos e Rio de Janeiro; da Academia Brasileira de Letras; da Academia Paulista de Letras; da Academia Portuguesa de História de Lisboa; do Clube de Engenharia do Rio de Janeiro; do Conselho Diretor da Sociedade Brasileira de Economia e Política, do Rio de Janeiro; do Conselho Consultivo do Instituto Brasileiro de Pesquisas Econômicas do Rio de Janeiro; Consultor Técnico do Instituto Brasileiro de Geografia e Estatística; presidente do Conselho de Economia da Confederação Nacional da Indústria; membro da Sociedade Capistrano de Abreu, do Rio de Janeiro; do Instituto de Engenharia de S. Paulo; do Conselho Consultivo do Instituto de Organização Nacional do Trabalho, de São Paulo; vice-presidente do Conselho Superior da Escola Livre de Sociologia e Política de S. Paulo; professor de História Econômica do Brasil, da Escola Livre de Sociologia e Política, da Universidade de S. Paulo; membro da American Society of Civil Engineers, de Nova York; do Inter-American Statistical Instituts, de Washington; da Population Association of America, de Washington; da National Geographic Society, de Washington; do Conselho de Editores (Economia do Brasil) do Handbook of Leda Royal Geographic Society, de Londres; da Economic History Society, de Londres; do British Institute of Philosophy, de Londres.

Possuía o senador Roberto Simonsen as seguintes condecorações: Comendador da Ordem de Nassau e Orange, da Holanda; Comendador da Ordem Nacional do Mérito, do Paraguai; Medalha de Prata da República dos Estados Unidos do Brasil (1939); Medalha de Prata Comemorativa do Centenário do Barão do Rio Branco; Comendador da Ordem Nacional do Mérito, do Chile; e Ordem do Mérito Infante D. Henrique (1945).

Foi a seguinte a vida pública e profissional do ilustre extinto:

Diretor e fundador da Cia. Construtora de Santos; engenheiro da Southern Brazil Railway; diretor-geral da Prefeitura de Santos; engenheiro chefe da Comissão de Melhoramentos Municipais de Santos;

presidente da Cia. Nacional de Artefatos de Cobres; diretor da Cia. Frigorífica e Pastoril de Barretos; presidente da Cia. Santista de Habitações Econômicas; presidente da Cia. Nacional de Borracha; presidente do Sindicato Nacional de Combustíveis Líquidos; presidente do Instituto de Engenharia de S. Paulo; membro da Missão Comercial Brasileira enviada à Inglaterra em 1919; presidente da Confederação Industrial do Brasil; presidente do Centro de Indústrias do Estado de S. Paulo; membro do Conselho de Expansão Econômica do Estado de S. Paulo; do Conselho Consultivo da Coordenação da Mobilização Econômica, do Conselho Nacional de Política Industrial e Comercial e da Comissão de Planejamento Econômico; presidente fundador do Centro dos Construtores e Industriais de Santos; representante único do Brasil no Congresso Internacional dos Industriais de Algodão, em Paris; representante das Classes Patronais na Conferência Internacional do Trabalho, em Washington (recusou a eleição); deputado federal; membro, no Congresso Federal: da Comissão de Legislação Social, da Comissão de Diplomacia e Tratados, da Comissão de Organização do Código do Ar, da Comissão dos Serviços Industrializados do Estado; membro do Conselho Federal do Comércio Exterior do Brasil; presidente da Cia. Construtora de Santos; presidente da Cerâmica São Caetano S.A.; presidente da Cia. Paulista de Mineração; sócio da Sociedade Construtora Brasileira Ltda.; diretor da Sociedade Imobiliária Santo André; presidente da Federação das Indústrias do Estado de São Paulo; vice-presidente da Confederação Nacional das Indústrias da Construção Civil de Grandes Estruturas do Estado de São Paulo; presidente do Conselho Diretor da Cruz Vermelha Brasileira (filial de S. Paulo); e senador da República.

Obra literária

É vasta a obra literária do senador Roberto Simonsen. Publicou: "O Município de Santos", 1911; "Os melhoramentos municipais de Santos", 1912; "O Trabalho Moderno", 1919; "O calçamento de São Paulo", 1923; "A Orientação Industrial Brasileira", 1928; "As crises no Brasil", 1930; "As Finanças e a Indústria", 1931; "A construção dos quartéis para o Exército", 1931; "A margem da profissão", 1933; "Rumo à verdade", 1933; "Ordem Econômica e Padrão de Vida", 1934; "Aspectos da Economia Nacional", 1935; "História Econômica do Brasil", 1937; "Possibilidades de Expansão Industrial Brasileira", 1937: "A Indústria em face da Economia Nacional"[,] 1937; "Aspectos da História Econômica do Brasil", 1938: "Evolução Industrial do Brasil"[,] 1939; "Objetivos da Engenharia Nacional", 1939; "Recursos Econômicos e Movimentos da População", 1940; "Níveis de Vida e a Economia Nacional", 1940; "As Indústrias e as Pesquisas Tecnológicas", 1941; "Ensaios Sociais, Políticos e Econômicos", 1943: "Alguns Aspectos da Política Econômica mais Conveniente ao Brasil para o período de Após-Guerra", 1943; "A Engenharia e a Indústria", 1944; "A Agricultura e a Indústria", 1944; "A Indústria e o Intercâmbio Econômico Brasil-Estados Unidos", 1944; "A Imprensa e a Indústria", 1944; "A Indústria e o Intercâmbio com o Chile", 1944; "A Planificação da Economia Brasileira", 1944; "O Conceito da Renda Nacional e sua Influência na Elevação dos Padrões de Vida"; "Cooperação Econômica entre as Nações"; "Medidas para auxiliar a elevação dos níveis da vida nos países pobres", 1944; "Discurso Inaugural do Congresso Brasileiro da Indústria", 1944; "A Indústria e seus Problemas Econômicos", 1945; "Roosevelt", 1945; "O Planejamento da Economia Brasileira", 1945; "O Problema Social no Brasil", 1946; "Atividades do Serviço Social da Indústria no Estado de São Paulo", 1947; "O Plano Marshall e suas repercussões econômicas na América Latina", 1947; vários relatórios referentes às atividades econômicas e associações de classe.

Há vários anos o Sr. Roberto Simonsen vinha sendo reeleito presidente da Federação das Indústrias e do Centro das Indústrias, de S. Paulo, afastando-se dessas presidências, para o exercício da senatoria federal, pelo Estado de São Paulo.

Luto oficial

Imediatamente depois de receber a infausta notícia do falecimento do senador Roberto Simonsen, insigne representante de São Paulo no Senado da República, o governo do Estado resolveu prestar as seguintes homenagens à memória do ilustre extinto:

– Solicitar ao senador Euclides Vieira e ao deputado Campos Vergal acompanhar o corpo da Capital Federal a São Paulo;

– Apresentar pêsames à família enlutada, oferecendo os préstimos do governo do Estado à trasladação do corpo do Rio para São Paulo;

– Comparecer, acompanhado de todos os secretários de Estado, aos funerais do ilustre morto;

– Decretar luto oficial, em todo o Estado de São Paulo, por três dias.

O decreto de luto oficial assinado pelo Sr. Adhemar de Barros está assim redigido:

"Considerando que, com o falecimento do senador Roberto Simonsen, perde S. Paulo um dos valores mais representativo[s] da sua cultura, do seu progresso econômico e da sua vida social e política;

Considerando que, pelos serviços que prestou a este Estado e ao país, merece o eminente brasileiro todas as homenagens do governo e do povo de São Paulo, decreta:

Artigo único – "Fica instituído luto oficial, por três dias, em todo o Estado, em homenagem à memória do senador Roberto Simonsen, hoje falecido no Rio de Janeiro".

A família do extinto

O extinto era filho do Sr. Sidney Martin Simonsen e de d. Robertina Cochrane Simonsen, já falecidos. Deixa viúva d. Rachel Cardoso Simonsen. E os seguintes filhos: Roberto, Victor Geraldo, Eduardo, casado com d. Cecília Prado Simonsen[,] e Fernando, já falecido. O senador Roberto Simonsen era irmão do Sr. Wallace Cochrane Simonsen, já falecido, que foi casado com d. Prescila Sette Simonsen; Luci Simonsen Murray, já falecida[,] que foi casada com o Sr. Charles Murray[,] e d. Mary Simonsen Murray, já falecida, que foi casada com o Sr. Haroldo Murray.

O senador Roberto Simonsen deixa ainda os seguintes netos: Victor Geraldo, Fernando, Monica e Eduardo.

O trem especial conduzindo o corpo do senador Roberto Simonsen chegará hoje na Estação "Roosevelt" precisamente às 11 horas, seguindo o féretro diretamente para a residência da família, à rua Marquês de Itu n. 902.

O saimento fúnebre verificar-se-á às 17 horas para o cemitério da Consolação.

Por motivo do passamento do senador Roberto Simonsen, a Federação das Indústrias, Centro das Indústrias, SENAI e SESI suspenderam, ontem, o expediente.

Ficou estabelecido ainda em homenagem ao ilustre extinto que as diretorias daquelas organizações deverão comparecer incorporadas aos seus funerais.

– A Academia de Ciências Econômicas far-se-á representar no enterramento do senador Roberto C. Simonsen pelo seu representante, Dr. Abelardo Vergueiro Cesar, e pelos Srs. Aldo M. de Azevedo e Roberto Pinto de Sousa. Falará, no cemitério, em nome da entidade, o Sr. Luiz Amaral.

– Em sinal de profunda consternação pelo falecimento de seu eminente professor catedrático e grande benfeitor, senador Roberto Simonsen, a Escola Livre de Sociologia e Política de São Paulo resolveu suspender suas aulas por três dias.

O Conselho Superior, a Diretoria, o Corpo Docente e o Centro Acadêmico deste estabelecimento comparecerão incorporados aos funerais do ilustre brasileiro.

– Ao tomarem conhecimento da morte do senador Roberto Simonsen, a Federação do Comércio e a Associação dos Empregados no Comércio resolveram oficiar à família do ilustre extinto, ao Centro e à Federação das Indústrias do Estado de S. Paulo, bem como à Confederação Nacional de Indústria, manifestando o seu pesar, e, ainda, designar uma comissão, da qual fazem parte os Srs. Brasílio Machado Neto e Decio Ferraz Novais, para representá-las em todas as solenidades fúnebres.

O Cruzeiro, 19 de julho de 1948.

Último adeus ao Senador

[...]

Morreu o valoroso brasileiro numa terça-feira à tarde. As suas últimas palavras, saudando o senador belga, Paul van Zeeland, foram estas: "Aí está a lição do sentimento universal e humano que a Bélgica e o Brasil nos oferecem. A Bélgica, pagando o seu tributo..." Parou aí. Nesse momento, sua vista turvou-se, as mãos não puderam mais segurar as folhas de papel e o senador Simonsen tombou sobre a mesa, sem vida. No domingo anterior, ainda em São Paulo, ele havia telefonado às 10 horas da manhã para o Sr. Guilherme de Almeida, um dos seus maiores amigos, um verdadeiro conselheiro. Dissera, então, ao consagrado poeta paulista: – "Gostaria que você passasse uma vista de olhos no meu discurso, antes de eu ir para o Rio". Uma hora depois, o Sr. Roberto Simonsen se encontrava na residência do poeta. Este, acostumado a ver Roberto Simonsen quase todos os dias, sentiu-se impressionado, desde logo, com o seu aspecto. Mas guardou silêncio. Em seguida, o senador passou a ler o seu discurso. Mas a vista esquerda falhava frequentemente, os dedos deixavam escapar as folhas e o orador sentia dificuldade em ver. Havia o senador cronometrado o discurso para vinte minutos. Quando fora para a casa do poeta, porém, deixara de levar quatro páginas, desde nove até treze. Contudo, reconstituiu de memória todo o trecho que faltava. Ao fim, Guilherme de Almeida disse: – "Dr. Roberto, essa é a sua obra-prima", ao que ele respondeu: – "Mas não sei se poderei pronunciar este discurso".

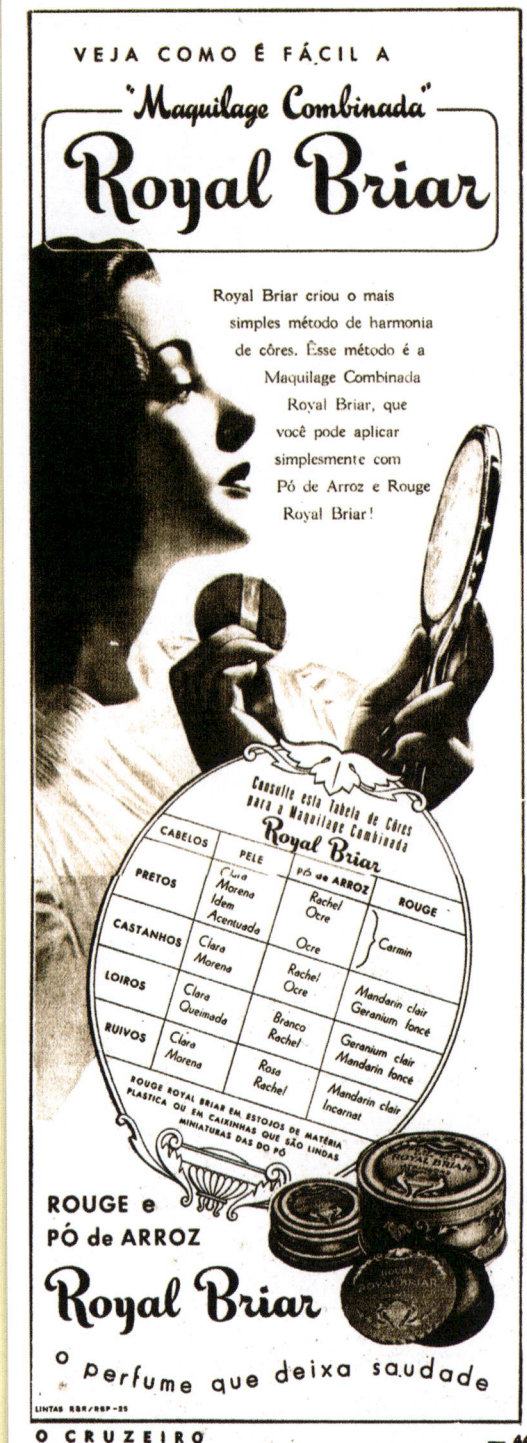

Na edição de 19 de julho de 1948, sob o título de "Último adeus ao Senador", a revista O Cruzeiro prestou homenagem a Roberto Simonsen. Por estar incompleta a matéria nos guardados de Oswaldo Mariano, reproduzimos a seguir apenas o trecho acima.

Último adeus ao Senador
(CONTINUAÇÃO DA PÁG. 44)

sentimento de humanidade. Um dia, após a refeição, diante dos filhos que fumavam, fêz êle esta observação: — "Vocês desperdiçando tanto dinheiro com fumo, quando com êle se poderia comprar leite para muita criança pobre". De outra feita viajava com os três filhos menores, Roberto, Eduardo e Vitor, de 12 a 15 anos para a Europa. Quando o navio atravessou a barra da Guanabara, o pai voltou-se para os pequenos chamando-lhes a atenção para o fato de que "daquele instante em diante todos se achavam investidos da qualidade de representantes do Brasil em terra estranha e que, portanto, deviam ter um comportamento irrepreensível". Quando da fundação do Centro das Indústrias do Estado de São Paulo, organização que adquiriu, em 20 anos de existência, extraordinária fôrça econômica, o Sr. Roberto Simonsen se levantou contra um grupo de industriais que queriam fôsse essa entidade de classe, únicamente, uma trincheira na defesa dos interêsses dos capitalistas. Simonsen defendia, ponto-de-vista diametralmente oposto. A sua diretriz, fruto de estudos contínuos e profundos, era outra: evitar o choque de classes, não com uma política de intransigência patronal, mas sim através do amortecimento dêsse choque, por umas tantas iniciativas em benefício dos operários. O resultado desta orientação, que acabou por vencer inteiramente no seio da indústria, foi a criação, em todo o país, do Serviço Nacional de Aprendizagem Industrial, e do Serviço Social da Indústria. E' bem verdade que acusaram um dia, recentemente até, o senador Simonsen de estar se inclinando pelo comunismo. Não se poderia porém exigir de um homem público melhor resposta ao comunismo do que a organização do SESI e do SENAI. Queriam os dirigentes do país que êle, com o seu tirocínio e capacidade de luta, representasse o Brasil na Conferência Pan-Americana de Bogotá. — "Se êle tivesse ido — disse depois o Prof. Pacheco e Silva — teria morrido lá. Se escapasse ao estuante trabalho de uma reunião de tal importância, não poderia resistir às emoções consequentes à revolução que deflagrou". O Prof. Pacheco e Silva foi quem o segurou no Brasil, certo como estava da fragilidade da saúde do incansável homem. Já haviam o Prof. Pacheco e Silva e o Dr. Bernardes de Oliveira, advertido o senador Simonsen sôbre a sua condição física, pedindo-lhe repouso e até mesmo, se possível, uma interrupção na luta. O que êle respondia aos clínicos era justamente o que, afinal, veio a acontecer: — "Eu quero morrer de pé trabalhando". Mesmo quando deixava a capital paulista, para fazer um período de repouso em Campos do Jordão, Roberto Simonsen levava consigo malas e malas de livros e todos os dias se fechava na biblioteca, cêrca de cinco horas, em estudos. Em Campos, o seu quarto era o menor da casa. Depois que adoecera é que, a conselho médico, passou a ocupar o dormitório maior. Lá mandara, uma vez, construir ao lado da casa, um prédio para alojamento dos empregados. Tão confortáveis

(CONCLUI NA PÁG. 62)

Cine Revista
(CONCLUSÃO DA PÁGINA 47)

ponderia: "A vingança é minha". E talvez até soubesse citar o autor da frase. Eu confesso que não sei, e confesso ainda que Águas Sangrentas foi das menores contribuições que a minha educação religiosa recebeu até hoje.

Enfim, o filme é bem feito, e como quase todos do gênero, um pouco menos falado que a grande maioria das produções americanas de últimamente. Além disso, é colorido pelo processo Cinecolor, menos exuberante que o Tecnicolor, e mais doentio. Talvez, no fim das contas, Mr. Scott, Mr. Macready e os demais não passem de velhos sofredores de icterícia.

ACOMPANHE A NOVA MODA COM

Raving

A nova moda que está empolgando os Estados Unidos inspirou RAVING, a côr criada por Peggy Sage para trazer — com seu toque provocante — maior realce às toaletes do novo estilo. Seja moderna também — com RAVING!

Outras tonalidades:
- VICTORIAN ROSE
- DARK BLAZE

PEGGY SAGE

NÃO RACHA! NÃO DESCASCA! DURA MAIS!

Para você — uma bela PULSEIRA JB PARA RELÓGIO

Modelos distintos para senhoras e cavalheiros. Folheadas a ouro em amarelo, rosa ou branco. Algumas em aço inoxidável.

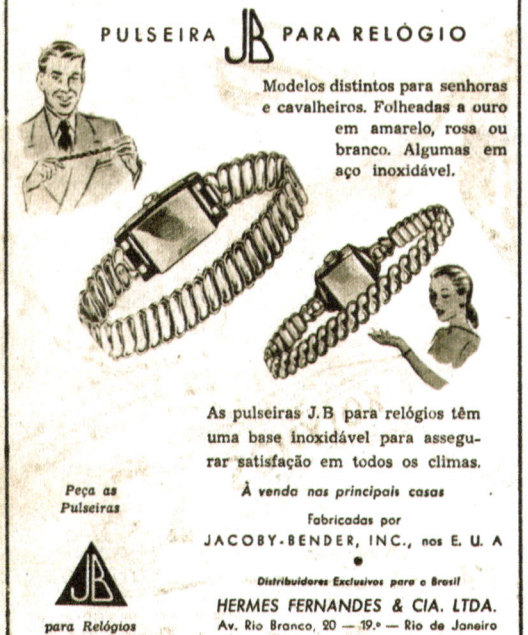

As pulseiras J.B para relógios têm uma base inoxidável para assegurar satisfação em todos os climas.

Peça as Pulseiras

À venda nas principais casas

Fabricadas por
JACOBY-BENDER, INC., nos E. U. A.

Distribuidores Exclusivos para o Brasil
HERMES FERNANDES & CIA. LTDA.
Av. Rio Branco, 20 — 19.° — Rio de Janeiro

JB para Relógios

AGORA SÓ SOFRE DO ESTOMAGO QUEM QUER !!!

Certas doenças do estomago tem, quase sempre, como causa básica o excesso de acidez do suco gástrico. Com o correr do tempo, essa anomalia funcional do estomago provoca sérios distúrbios que acabam por desequilibrar completamente o sistema digestivo, dando lugar a uma infinidade de moléstias, que vão se tornando cada vez mais agudas e são causa de graves sofrimentos e sacrifícios. A flatulência, a dispepsia, a má digestão, o mau hálito, a língua saburrosa, as dores de estomago, as digestões lentas e dolorosas, as cãimbras na boca do estomago e mesmo, as perigosíssimas úlceras são provocadas pelo excesso de acidez do suco gástrico. Felizmente, agora, com os Papéis Bankets, é fácil corrigir rapidamente e para sempre estes males que causam tanto sofrimento e que tornam a vida de tantas pessoas um verdadeiro inferno, impossibilitadas como ficam de alimentar-se bem e mesmo, de atender às suas obrigações diárias. Se V. S. é vítima de alguma destas moléstias do estomago, proceda a um tratamento racional com os Papéis Bankets. As suas propriedades sedativas e medicamentosas atuam decisivamente sôbre o mal, corrigindo-o em pouco tempo e para sempre.
Cartas: Caixa Postal 2453 - São Paulo

Fume! Mantenha porém, seus dentes livres das anti-estéticas **Manchas de Nicotina!**

O Creme Dental Nicotan (fórmula original americana) é recomendado especialmente para fumantes. Remove completamente as manchas de nicotina acumulada nos interstícios dos dentes e causadas pelo uso contínuo do cigarro. Nicotan dá aos dentes um brilho deslumbrante e às gengivas uma coloração natural e sadia. Não ataca o esmalte. Não contém pedra pomes nem substâncias ácidas ou corrosivas. Tem sabor de cerejas.

NICOTAN
CREME DENTAL ESPECIAL PARA FUMANTES
Cartas: Caixa Postal 2453 - São Paulo

DA VIDA NADA SE LEVA...

A todos os homens e mulheres, desiludidos de alcançarem a suprema felicidade humana, recomendamos as afamadas Pílulas Maratú, aprovadas e licenciadas pelo D. N. Saúde Pública como tônico nervino, no tratamento da astenia neuro-muscular e suas manifestações. As Pílulas Maratú, isentas de qualquer ação nociva, são fabricadas com extratos de Catuaba e Marapuama (Acanthes Virilis) duas plantas de virtudes extraordinárias e que existem abundantemente em alguns Estados do norte do Brasil. Aliás, elas já eram conhecidas desde longa data pelos gentios brasileiros que as usavam como poderoso tônico e levantador do sistema nervoso. Quando alguém sentir uma ligeira depressão no ritmo normal de sua vida, mesmo que seja devido à idade avançada, deve recorrer a estas pílulas, que darão, não só o entusiasmo perdido, como ainda, uma sensação de bem estar e alegria de viver. Deixem de pessimismo. Tomar as Pílulas Maratú, é saber gozar a vida, mesmo porque da vida nada se leva.
Cartas: Caixa Postal 2453 - São Paulo

Depois, o senador despediu-se do poeta e saiu. No último instante em que Guilherme de Almeida viu-o, ele atravessava o portão que dava para a rua.

Quando o cadáver chegou a São Paulo, ficando exposto em câmara ardente durante seis horas, o poeta não quis vê-lo. Ficou recolhido a uma sala, com os olhos rasos de lágrimas. Queria conservar na retina a imagem do homem vivo, saindo para a rua. Durante aquela mesma visita ao amigo poeta, o senador Simonsen confessara que durante a conferência que pronunciara no "Clube Militar" do Rio, sobre as perspectivas do "Plano Marshall" para a América Latina, já nessa ocasião sentira, subitamente, o espírito anuviar-se. Discretamente, apanhou no bolso superior do paletó dois comprimidos de "digitalina", e, sem que ninguém percebesse, colocou-os na boca, tomando um copo dágua. Sentiu, logo depois, a reação: uma violenta dor de cabeça, que durou alguns minutos, ao que, afinal, sobreveio o bem-estar. Naquele mesmo domingo da visita ao poeta, o senador Simonsen partiu para Santos e ali tomou um navio, acompanhando, até ao Rio, um[a] sobrinha que seguia para o norte. Essa era a primeira vez que ele ia de São Paulo para o Rio, de navio. Sempre viajava de avião ou de trem. Adorava, porém, Santos, sua terra natal. Ali decorrera a sua infância. Ganhara amor à cidade. De sorte que os íntimos do morto dizem que essa sua viagem de navio deu ensejo a que ele dissesse adeus à cidade que mais amava.

[...] Dentro do senador Simonsen palpitava um grande sentimento de humanidade. Um dia, após a refeição, diante dos filhos que fumavam, fez ele esta observação: – "Vocês desperdiçando tanto dinheiro com fumo, quando com ele se poderia comprar leite para muita criança pobre". De outra feita viajava com os três filhos menores, Roberto, Eduardo e Vítor, de 12 a 15 anos para a Europa. Quando o navio atravessou a barra da Guanabara, o pai voltou-se para os pequenos chamando-lhes a atenção para o fato de que "daquele instante em diante todos se achavam investidos da qualidade de representantes do Brasil em terra estranha e que, portanto, deviam ter um comportamento irrepreensível". Quando da fundação do Centro das Indústrias do Estado de São Paulo, organismo que adquiriu, em vinte anos de existência, extraordinária força econômica, o Sr. Roberto Simonsen se levantou contra um grupo de industriais que queriam fosse essa entidade de classe unicamente uma trincheira na defesa dos interesses dos capitalistas. Simonsen defendia, ponto de vista diametralmente oposto. A sua diretriz, fruto de estudos contínuos e profundos, era outra: evitar o choque de classes, não com uma política de intransigência patronal, mas sim através do amortecimento desse choque, por umas tantas iniciativas em benefício dos operários. O resultado dessa orientação, que acabou por vencer inteiramente no seio da indústria, foi a criação, em todo o país, do Serviço Nacional de Aprendizagem Industrial, e do Serviço Social da Indústria. É bem verdade que acusaram um dia, recentemente até, o senador Simonsen de estar se inclinando pelo comunismo. Não se poderia, porém, exigir de um homem público melhor resposta ao comunismo do que a organização do SESI e do SENAI. [...]

Diário de S. Paulo, 27 de maio de 1948.

"Não resta dúvida hamletiana: Agora Passaste a viver de outra maneira"

Em nome da Academia Brasileira de Letras, falou o acadêmico *Menotti Del Picchia*, dizendo o seguinte:
Roberto Simonsen:
Aos que não souberam compreender esta tua súbita e brusca imobilidade – tu que eras a ação dinâmica e onipresente – direi que ignoram essa física transcendental que tem curso no outro lado da vida. Há mortos que morrem e há os que transpõem o mágico limite para começarem a agir com maior presença e mais forças. Para nós, teus irmãos da Academia, não há duvida hamletiana: sabemos apenas que passaste a viver de outro maneira. Na tua missão terrestre exigiram demais de teu corpo, que é feito de elementos vulneráveis e a vida, que é limitada, pediu recursos à morte, que é a única que possui o segredo da energia eterna. O cérebro que muito pensou e a vontade que muito agiu na construção de algo grande e útil para um novo, enquanto vivos são apenas um esquema. O cerco limitador das objeções, das dúvidas e da inveja podem reduzi-los ao território sempre exíguo da influência pessoal. A morte, porém, impessoaliza e universaliza a evidência dos iluminados. Só depois, como o aproveitamento da planta de uma grande metrópole ou como os cálculos para o represamento de todo um sistema hidrográfico, milhares de homens, dentro de centenas de anos, se nutrirão da energia presente e orientadora que continua a fluir desse cérebro e dessa vontade.

Agora estás aí. Quem te meça pelas nossas pobres medidas verá que és pouco menos de dois metros de sagrados despojos. Erram as medidas terrestres. Tua figura rompe hoje as paredes desta necrópole, abrange as fronteiras do Estado, desborda por todas as latitudes do Brasil. Teu transpasse não foi uma queda: foi um voo. Transpuseste o limiar do país de Deus, de pé, continuando um discurso magistral, que se fez mais eloquente quando tuas palavras se cristalizaram em silêncio, que é a voz das coisas eternas. Quisestes que tua última vivência neste mundo se registrasse na Casa da Inteligência, e procuraste o recinto da Academia Brasileira para a metempsicose da tua precária imortalidade rumo da imortalidade verdadeira, no seio do Senhor, do qual foste crente e servo. "Por isso nossa Academia me manda aqui para dizer-te que te conservará sempre lá, na tribuna que ocupaste e em que morreste, como exemplo a todas as gerações de alguém que foi sempre fiel às coisas do espírito".

[...]

Foi o seguinte o discurso do Sr. *Aristeu Seixas*, em nome da academia paulista de letras da qual Roberto Simonsen era titular n.o 21:

A Academia Paulista de Letras mandou-me trazer aqui para o túmulo de Roberto Simonsen as flores da sua saudade, colhidas entre os espinhos da sua mágoa. Ele foi e o seu nome sempre dos de maior relevo nas fileiras pelo seu grêmio pela continuidade do seu esforço pela eficácia do seu trabalho e pelo brilho das suas realizações. Os grandes homens são, efetivamente, como as grandes árvores que só derribadas, no estrondo da sua queda patenteiam o volume do seu porte, que só depois de tombadas mostram o imenso da sua copa e o valimento dos seus frutos que a distância diminuía e as alturas empanavam. E preciso morrer para começar a vida, é mister que a noite caia para que o firmamento se ilumine. E aqui estão neste silêncio comovido, com os últimos revérberos da tarde[,] os primeiros clarões de escuridade; aqui estão, com a reverência dos nossos espíritos e o pesar dos nossos corações, os primeiros encômios da nossa consciência ao batalhador de meio século, porque Roberto Simonsen foi grande em todos os departamentos da vida: príncipe na comunhão social ágil[,] na política, Corifeu na indústria, copioso na ciência das finanças, soldado na defesa do seu torrão[,] cauteloso no amanho das belas letras, pioneiros[,] das grandes iniciativas.

E não nos esqueçamos de que foi ele em 32, essa página memorável dos fatos de S. Paulo, o homem que, no exército da retaguarda, nos fabricava e nos remetia aquilo mesmo com que havíamos de reconquistar na luta a restauração da carta, magna, os nossos direitos desprezados, a nossa liberdade oprimida, e o prestígio de um pavilhão que é o símbolo da nossa pátria; viveu, pelejou e caiu orando no recesso de uma Arcádia como seria do seu agrado, vendo e ouvindo o Permesso a rolar as suas águas entre os cloros da Castália, os ruídos de Aganipe e os rumores de Hipocrene, morreu privilegiadamente e invejavelmente tombou no exercício da sua fala entre os maiores do seu tempo e entre os mais cultos da sua raça.

A Academia Paulista de Letras não traz lágrimas de seu coração, mas os aplausos da sua consciência à memória do morto ilustre[,] que no esplendor dos seus dias tão bem serviu a sua gente e tão alto honrou a sua pátria; são palmas que lhe eu bato, são flores que lhe eu atiro sem a condescendência da amizade que lhe não desfrutei, mas com a independência da admiração que lhe devia.

Pessoas presentes

Dentre as centenas e centena[s] de pessoas presentes à cerimônia de sepultamento do senador Roberto Simonsen, figuras das mais destacadas de todo o país, a reportagem do DIÁRIO DE S. PAULO anotou alguns nomes. Fizeram-se representar os governadores da República, do Estado, Senado, Camara Federal. Assembleia Legislativa do Estado, Câmara Municipal, secretários do Estado, classes armadas, e todas as entidades da indústria e do comércio, quer de trabalhadores como empregadores. Vimos os Sr. Honório Monteiro, Marcondes Filho, Aureliano Leite, Euvaldo Lodi, Ivo de Aquino, Vespaziano Martins, Euclides Vieira, deputado Paula Leite, Astolfo Pio Monteiro da Silva, Nelson de Aquino, Cardoso de Melo Neto, e pessoas das famílias Jorge Americano, Miguel Reale, Luiz Street, conde Silvio Penteado, Julio Revoredo, Splenger, Condessa Marina Crespi, Alves de Lima, Silva Prado, Toledo Piza, Silva Telles, Luiz Pontual Machado, Macedo Soares, Cunha Bueno, Acácio Nogueira, Junqueira, Salles de Oliveira, Maffel, Corte, Real, Mendonça, Otacílio Rocha Miranda, Whately, Guilherme de Almeida, Menotti Del Picchia, Horacio de Arruda Pereira, Quirino da Silva, Alberto Aires Neto, Flavio de Carvalho, Luiz Sales Gomes, Malta Cardoso, Vieira de Carvalho, Altino Arantes, Nicanor Miranda, Sampaio Vidal, Otobrini Costa, Gastão Vidigal, Carlos Lage, Baeta Neves, Pereira Barreto, Paulo de Campos, Telles Rudge, Rodrigues Alves Bymgton, Mesquita, Mariano Ferraz, Vieira de Melo, Bráulio Gomes, Cunha Bueno, Sousa Noschesi Ernesto Leme, Pirajá, Quartim Barbosa, Ferraz Sampaio, Arruda Botelho Silvio Margarido, Jafet, Wilson Quintela, Procópio de Araujo Carvalho[,] Nancy Vargas, Ernesto Leme, Spenceu Vampre, Roberto Valers, Paulo Assunção, Sabola de Medeiros Pacheco Silva, Meinberg, Eurico Sodré, Thiolier, Scantiburgo, Carvalho Whitaker Odilon Aquino de Oliveira, João Nascimento, Maluf Joaquim Rolla, Miguel Petrilli Waldemar Pio dos Santos Franchini Netto, Stoel Nogueira, Decio Novais, Francisco Novais, Francisco Pati, Raul Briquet, Roberto Moreira, Melville, Roberto Bastos Thompson, Paulo Lauro Feliz Kowarick, Luiz Ulhôa Cintra, Almeida Carvalho, Horacio Berlinck, Silvio Lara, Nabuco de Abreu, Cassiano Ricardo Plínio Caiado de Castro, Raul Crespi, Francisco Matarazzo Sobrinho Castro Prado, Lotulfo F Prudente de Aquino, Lacerda Soares, Andrade Coutinho, Pádua Salles, Guilherme Prates Maia Sello, Vicente Azevedo, Sebastião Nogueira de Lima, Costa Guimarães, Francisco Pignatari, Barros Loureiro, Cardeal Motta, além de numerosas outras famílias, autoridades e representações de dezenas e dezenas de entidades operárias, patronais, indústrias, estudantes e de outros meios sociais.

Telegramas recebidos

Da mesma forma numerosos foram os telegramas recebidos. Deles destacamos os seguintes: vereadores Jânio Quadros, Deffer, Valério Giuli e outros. Consulado da Itália, Levy e Filhos, Baslav Veitchek, Robert Smalibones, Arthur Neiva, Rodolpho Ortemblad, Barões de Saavedra, Vicente Galliez, Hugo Sterman, Joseph Schmuck Drecoll. Além de outros de partidos políticos e outras agremiações de S. Paulo e de outros Estados, além de numerosos outros vindos de outros países.

> "TEU PROGRAMA DE HÁ VINTE ANOS É AINDA ROTEIRO
> DOS NOSSOS DESTINOS."

Pelo Centro e pela Federação da Indústria do Estado de São Paulo, o Sr. Humberto Reis Costa, proferiu a oração seguinte:

"Roberto Simonsen: companheiro e amigo". Mal eu recebia ontem as infaustas notícias do seu falecimento, era abordado pela imprensa e proferia consternadas, estas palavras: Morreu como sempre desejava: de pé, pugnando pelos mais relevantes interesses do Brasil. Não foi outra a sua aspiração em vida. Lutou como lutam os predestinados – com coragem, confiança e fé. Vede a longa relação da suas obras! Atentai para as suas atividades culturais, que merecem a admiração, o respeito e a homenagem dos seus contemporâneos e da sua posteridade!

Examinai a pugnacidade de uma vida pública e profissional que tanto honra a terra em que nasceu! Olhai as relações das suas obras, todas elas inspiradas no desejo de encontrar solução justa, patriótica, humana, para os problemas angustiantes do país, objetivando a confraternidade entre empregados e empregadores, visando à harmonia que reputava indispensável para que a sociedade fosse orgânica, aspirando ao bem-estar geral, não como privilégio de classe, ou de indivíduos, mas como condição superior da dignidade humana, Segundo a verdadeira função social do trabalho. Só um engenheiro, do quilate de Roberto Simonsen, poderia traçar tão bem a disciplina no imenso labor que nos lega.

Descansa da tarefa que, como tanta superioridade, com tanto brilho, com tanto valor, soubeste levar a tão bom termo. O teu exemplo será o padrão com que iremos aferir a nossa orientação, procurando levar por diante, ou apenas procurar continuar, a obra a que deste conteúdo, colorido e expressão – essa obra que soubeste construir com o condão de orientador exemplar e de dirigente eleito. Todos aqui – a tua família, a família da indústria de São Paulo, atingida fundo com tão fundo golpe – sentimos caro demais o tributo de tua perda. Num instante em que, por que não dizê-lo, é enorme o déficit de homens da tua estirpe, homens que sabem lutar e sabem por que lutam, homens que honram a si, aos seus contemporâneos e a sua descendência, homens de que a nação necessita!

Há vinte anos, precisamente, inauguravas como vice-presidente o Centro das Indústrias de São Paulo, traçavas um programa que, ainda hoje, tem sido o roteiro dos nossos destinos. Tinhas fé, e confiavas no que empreendias. Possuías a confiança dos abnegados, e a sabias transmitir aos teus colaboradores, porque jamais se abalaram, até em meio às tempestades da época. Os fundamentos do teu idealismo lógico, de quem sabe o que quer, e por que quer.

Trazermos-te, inesquecível Roberto, os teus companheiros da Federação e do Centro, corações compungidos, o triste adeus de uma despedida de tão extenso luto – luto para os teus, luto para a Indústria, luto para São Paulo, luto para o Brasil!"

"ESTUDIOSO EMÉRITO DAS COISAS
E DOS PROBLEMAS BRASILEIROS."

Idealista obstinado

Discursou em nome da Associação Comercial o Sr. Décio Ferraz Novaes, que pronunciou as palavras seguintes:

"Está São Paulo, está o Brasil de luto, pela morte prematura de Roberto Simonsen.

Lutador infatigável, idealista obstinado, estudioso emérito das coisas e dos problemas brasileiros, habituamo-nos – todos nós das classes produtoras – a vê-lo à frente de todas as nossas reinvidicações, na primeira linha de todos os nossos embates.

Morreu Roberto Simonsen, como sempre viveu – trabalhando e batalhando.

Em nome da Associação Comercial de São Paulo venho trazer as nossas sinceras, nossas sentidas homenagens a tão ilustre paulista – marco exponencial de uma geração."

A reportagem registrou ainda os discursos dos Srs. Osvaldo Mariano, pelo Centro Acadêmico da Faculdade de Filosofia da Universidade Católica, Luiz Manoel, em nome dos trabalhadores paulistas, e outros representantes de classe, que ali foram testemunhar seu apreço ao ilustre patrício.

COROAS ENVIADAS

A nossa reportagem assinalou cerca de duzentas e cinquenta coroas enviadas à residência do Senador Roberto Simonsen, rendendo-lhe respeitosa homenagem. Dentre elas destacamos as enviadas pelo presidente do senado, Senado Federal, Assembleia Legislativa do Estado, Cel. Nelson de Aquino, mesa da Assembleia Legislativa, Câmaras Municipal de São Paulo, câmaras municipais do interior de Estado, Consulado Geral da França, Polícia Civil de São Paulo, Academia Paulista de Letras. SENAI, Departamento do SENAI, Funcionários do SENAI, SESI, Funcionários do SESI, Pavilhão Fernandinho Simonsen, Exposição Internacional de Indústria e Comércio.

O nosso grande morto

Nelson Marcondes do Amaral
(Diretor da Subdivisão de divulgação)

Com a morte, tão inesperada, mas tocada de serena beleza, do senador Roberto Simonsen, perde o país o seu maior homem público contemporâneo. Líder, ninguém possuía, como Roberto Simonsen, o espírito mágico de reunir, sob o seu másculo comando, as tendências dispersas e os esforços descoordenados fazendo-os convergir para uma ação dinâmica e fecunda.

Poucos neste país, como esse saudoso e grande morto, souberam no exercício da liderança, em meio de tantas felonias e hostilidades, ceticismos e preconceitos, identificar-se com os mais legítimos ideais da nacionalidade. A sua vida e sua obra constituem, neste meio século, a própria história brasileira, em sua incipiente industrialização, na renovação de sua mentalidade dirigente, na formação de elites técnicas e profissionais, e, sobretudo, numa nova atitude em face de problemas a questão sociais.

Senador da República, Roberto Simonsen consumia-se nos silenciosos, mas árduos trabalhos das comissões técnicas e o seu mandato ele o exerceu com independência partidária –, mas sempre leal ao seu partido, a que serviu com espírito público – e exaustão de todas as suas débeis forças físicas, queimando-se na chama cívica que o devorou inexoravelmente.

Economista, nenhum problema do Brasil, desde simples questões de controvérsias históricas, problema de populações, industrialização, agricultura, educação, política até às mais altas questões de comércio e produção internacionais, nada foi estranho à insaciável curiosidade intelectual desse homem que somava, em sua personalidade fascinante, tantas vocações que o destino, que o quis bem até à morte, permitiu-lhe plena realização.

Homem de espírito, Roberto Simonsen honrou todas as instituições de cultura a que pertenceu, e à mais nobre, a sua amada Academia Brasileira de Letras, reservou o grande morto a sua última oração em que, no seu apostolado ainda matutino para que esta pobre nação o compreenda, fremia o seu gênio brasileiro na busca das soluções que respondessem aos anseios progressistas de nossa gente. A sua vida, vivida num tumulto de ideais, projetos e realizações, era uma lição de sabedoria e experiência que os seus íntimos, privados agora desse tesouro de espírito, sorviam com a volúpia das raras oportunidades de convívio com o homem cuja inteligência tocava a tangente da genialidade.

O "SESI – Jornal", assim, presta aquele que ideou esta instituição, e por ela deu suas melhores e derradeiras energias, a homenagem singela desta nota de saudade. Mas os funcionários do Serviço Social da Indústria – "SESI" – saberão que a homenagem de maior agrado do grande morto, e de maior carinho à sua memória imperecível, será a de prosseguir, com a inspiração de seu gênio, e com a energia de que era um generoso esbanjador, a sua obra mais querida e na qual o seu humanismo social revelou-se em sua plenitude: o SESI.

SESI JORNAL

Publicado pela
DIVISÃO DE EDUCAÇÃO SOCIAL

ÓRGÃO DOS FUNCIONÁRIOS
DO SERVIÇO SOCIAL DA INDÚSTRIA

DEPARTAMENTO REGIONAL DE SÃO PAULO

ANO I — SÃO PAULO, 31 DE MAIO DE 1948 — NUM. 2

O NOSSO GRANDE MORTO

NELSON MARCONDES DO AMARAL
(Diretor da Sub-Divisão de Divulgação)

Com a morte, tão inesperada mas tocada de serena beleza, do senador Roberto Simonsen, perde o país o seu maior homem público contemporâneo. Líder, ninguém possuia, como Roberto Simonsen, o espírito mágico de reunir, sob o seu másculo comando, as tendências dispersas e os esforços descoordenados, fazendo-os convergir para uma ação dinâmica e fecunda.

Poucos neste país, como esse saudoso e grande morto, souberam no exercício da liderança, em meio de tantas felonias e hostilidades, ceticismo e preconceitos, identificar-se com os mais legítimos ideais da nacionalidade. A sua vida e a sua obra constituem, neste meio século, a propria história brasileira, em sua incipiente industrialização, na renovação de sua mentalidade dirigente, na formação de elites técnicas e profissionais, e, sobretudo, numa nova atitude em face dos problemas e questões sociais.

Senador da República, Roberto Simonsen consumia-se nos silenciosos mas arduos trabalhos das comissões técnicas e o seu mandato ele o exerceu com independencia partidaria — mas sempre leal ao seu partido, a que serviu com espírito público — e com exaustão de todas as suas debeis forças físicas, queimando-se na chama cívica que o devorou inexoravelmente.

Economista, nenhum problema do Brasil, desde simples questões de controvérsias históricas, problemas de populações, industrialização, agricultura, educação, política, até às mais altas questões de comércio e produção internacionais, nada foi estranho à insaciavel curiosidade intelectual desse homem que somava, em sua personalidade fascinante, tantas vocações que o destino, que o quiz bem até a morte, permitiu-lhes plena realização.

Homem de espírito, Roberto Simonsen honrou toda as instituições de cultura a que pertenceu e a mais nobre, sua amada Academia Brasileira de Letras, reservou o grande morto a sua ultima oração em que, no seu apostolado ainda matutino para que esta pobre nação o compreenda, fremia o seu genio brasileiro na busca das soluções que respondessem aos anseios progressistas de nossa gente.

A sua vida, vivida num tumulto de ideiais, projetos e realizações, era uma lição de sabedoria e experiencia que os seus intimos, privados agora desse tesouro de espirito, sorviam com a volúpia das raras oportunidades de convívio com um homem cuja inteligencia tocava a tangente da genialidade.

O "*Sesi - Jornal*", assim, presta àquele que ideou esta instituição, e por ela deu as suas melhores e derradeiras energias, a homenagem singela desta nota de saudade. Mas os funcionários do Serviço Social da Industria — "Sesi" — saberão que a homenagem de maior agrado do grande morto, e de maior carinho à sua memória imperecivel, será a de prosseguir, com a inspiração de seu gênio, e com a energia de que era um generoso esbanjador, a *sua obra mais querida* e na qual o seu humanismo social revelou-se em sua plenitude: *o Sesi*.

SENADOR ROBERTO SIMONSEN

S. Paulo, 26 de junho de 1948

Ilmo. Sr.
Oswaldo Mariano
N e s t a

Prezado Senhor.

    Ainda sob a impressão do seu sincero pesar e das generosas palavras que proferiu à beira do túmulo de Roberto Simonsen - de quem era amigo dedicado - venho manifestar o nosso profundo agradecimento pelos seus sentimentos de carinho e solidariedade, que muito nos confortaram.

    O mesmo espírito que dominou o extinto - o nobre apreço à amizade - nos animará a guardar a lembrança do seu afetuoso gesto.

Com a gratidão de

Rachel C. Simonsen

5.
ALMANAQUE, RETRATO DE UMA ÉPOCA

Nesta seção, reproduzem-se variedades extraídas dos jornais do acervo de Oswaldo Mariano, com o propósito de mostrar comportamentos, ideias, tendências de meio século passado, bem como relembrar nomes hoje olvidados e outros ainda presentes. As demais peças constam apenas para registro.

ARTES PLÁSTICAS
"SE FOI FEITO PELA MÃO DO HOMEM, EU TAMBEM FAÇO"
— Quirino da Silva —

José Antonio da Silva nasceu em Sales de Oliveira, na fazenda "Santa Luzia". Ainda menino, seu pai mudou-se para a fazenda "Piraguaçu" — a antiga "Capão Grande". Sua primeira infancia, passou-a de fazenda em fazenda, como candieiro de seu pai, que exerce o oficio de carreiro.

///

Há dois anos atrás, José já residente em São José do Rio Preto, indo à Matriz dessa cidade, viu ali as suas decorações, e como lhe dissessem terem sido feitas por um pintor, exclamou:

— "Se foi feito pela mão do homem, eu tambem faço..."

///

O olhar do pequeno José está sempre perdido a interrogar os largos e infindos horizontes das paisagens, nas manhãs frias de junho... José sonha e vive. Vive o seu sofrimento de menino-poeta a quem a vida muito cedo começa a machucar Suas lágrimas rolam a confundir-se com a poeira umida da estrada, nestas manhãs frioretas Ou, então, nas tardes mornas de verão, ele ouve, amedrontado, o seu chamamento aos bois ecoar no céu azul-roseo, como se fora uma prece a Deus. José treme, treme de medo e de alegria. E ouve mais uma vez o seu chamamento aos bois ecoar naquela tarde morna, como se fôra uma prece a Deus...

///

Esses sofrimentos e essas alegrias fizeram José Antonio da Silva, pintor.

A pintura para ele é uma religião. No seu pequeno atelier em que trabalha noite e dia, José conta a si mesmo essas amarguras, esses sofrimentos, essas alegrias.

José viu agora a serra e viu o mar. Enriqueceu mais o seu patrimonio espiritual. Sua alma sensibilizada por essas ultimas aquisições, cantará por certo a alegria do crente, num ritmo colorido que se purificará pela simplicidade de sua natureza campeira.

José é um homem da terra, para a terra vive e com a terra sonha.

Jamais alimentou a esperança de conhecer a capital paulista. Suas possibilidades financeiras mal davam para alimentar a sua familia. Mas a pintura deu-lhe esta satisfação: conhecer S. Paulo e o mar. Este ultimo, diz ele "eu o vi graças à bondade do sr Francisco Matarazzo Sobrinho. Tudo isso — continua o pintor — para mim eram apenas sonhos".

///

O sonho. Por que transformar o sonho em realidade? Por que? José sonhava. As recordações de menino intor. Sua pintura ali está exibida na "Galeria Domus", disputada por colecionadores, comerciantes, criticos e até pintores. Dela tambem já disseram grandes coisas... Mas, felizmente José ainda sonha, sonha com o seu pacato São José do Rio Preto.

Diário de S. Paulo, *26 de maio de 1958.*

Quirino da Silva (Rio de Janeiro, RJ, 5 de junho de 1897 – São Paulo, SP, 3 de agosto de 1981) foi crítico de arte, pintor, escultor, desenhista, ceramista e gravador brasileiro. Foi o idealizador e organizador dos Salões de Maio na capital paulista, exposições de artes que tiveram três edições nos anos de 1937, 1938 e 1939.

AMANHÃ tem mais

Pelo Barão de ITARARÉ

Os misterios da academia
UMA CARTA QUE ESCLARECE O MECANISMO DAS ELEIÇÕES

A Academia Brasileira de Letras não é apenas, como muita gente pensa, o mais alto cenáculo literario do país. Aquela casa é tambem um verdadeiro templo de ciencias ocultas, onde os imortais se iniciam no conhecimento de uma nova concepção da vida, que não está ao alcance da nossa vulgar inteligencia.

As eleições que se realizaram alí na última quinta-feira, para preenchimento da vaga de Rodrigo Otavio, vieram trazer um pouco de luz sobre a penumbra misteriosa que envolve os interiores da fundação de Machado de Assiz.

Essa restea de luz foi desprendida da carta que o sr. Osvaldo Orico, atualmente no Chile, enviou à mesa, dando o seu voto no primeiro e segundo escrutinio ao sr. Rodrigo Otavio Filho e no terceiro e quarto ao sr. Roberto Simonsen.

Até agora, o público que acompanhava do lado de fora as eleições da Academia, não compreendia como no mesmo dia, os mesmos candidatos, sufragados pelos mesmos eleitores, pudessem receber um número de votos variavel conforme os escrutinios. Candidatos que obtinham, por exemplo, um voto no primeiro escrutinio, conseguiam nove no segundo. Outros que figuravam com quatorze no terceiro, baixavam para cinco no quarto.

Diante dessa diversidade de resultados, o público começou a duvidar da seriedade das eleições acadêmicas, julgando que devia haver qualquer maroteira na contagem dos votos e chegando mesmo a fazer mau juizo a respeito da firmeza de carater dos membros do augusto sodalicio.

A missiva sufragante do sr. Osvaldo Orico veio dissipar todas as dúvidas sobre o assunto. Por essa carta, pode-se deduzir que não há nenhuma escamoteação na contagem dos votos e que o pleito se processa com absoluta limpeza.

O fato de o mesmo acadêmico dar os seus votos ora a um ora a outro candidato, pode parecer estranho às pessoas que cultivam os principios de lealdade e coerencia. Pode-se mesmo admitir que esse procedimento seja uma sujeira dos imortais. Mas nem por isso se deve concluir que as eleições sejam fraudulentas.

Os membros da academia têm o direito de virar a casaca. E a vardade é que eles têm usado desse direito, nas máximas proporções.

Recorte de jornal não identificado.

Barão de Itararé, pseudônimo de Aparício Torelly (Rio Grande, RS, 1895 – Rio de Janeiro, RJ, 1971). Jornalista, criou a figura de Barão de Itararé, que acabou se confundindo com ele próprio. Fundou o jornal humorístico *A manha*. Tornou-se famoso por suas máximas e almanaques.

> Segunda-feira, 7 de Setembro de 1942
>
> ## "A NOITE" SOCIAL
>
> ## Uma mulher
>
> Uma mulher seguia pela rua. Desejaria saber o caminho desta mulher, o destino desta mulher. Foi escolhida casualmente entre todas as outras que passavam, por seu ar de sonâmbula, pela ligeira dispersão de seus cabelos.
>
> Esta mulher terminou de almoçar. No ambiente de prata de seu pequeno apartamento havia muitas flores. Os seus olhos passavam agressivos pela vida, enjoados das reminiscências regressivas; e as suas mãos não tinham lugar.
>
> Terminara de almoçar. Isto não teria importância nenhuma pois o almoço é uma imposição mundial e o contrário seria sublevação contra a natureza e os direitos do homem. Nada apresentara pois de extraordinário a refeição tomada solitariamente na mesa habitual — os pratos cotidianos da parca imaginação culinária, o dedo de vinho no esguio cristal de Limoges.
>
> No entanto esta pequena tortura diária que compreende a exigência reflexa de nosso sistema digestivo enervara a cabeça felina e enchia de irritação a humilhada "double" metafísica.
>
> Do exterior o canto eucarístico emergia de ofegantes blusas infantis. E o mundo continuava perambulando no tempo e no espaço.
>
> A mulher massacrara as argumentações esporádicas da lógica com as afluências do sonho e do orgulho.
>
> Ansiosamente investia contra os cordões de ligação com o mundo.
>
> Procurou amarguradamente a evasão do ergástulo, da rotina, das delícias comuns; desatou furiosamente as amarras dos sentimentos afetivos. As rosas de sangue mergulhavam a superfície prateada. O riso da criança era um longínquo ruido no vento e o próprio vento deixava de existir.
>
> No ambiente de prata a mulher tateava avaramente o vislumbre da vitória. Num virtuosismo de imaginação, todas as papilas nervosas trabalhavam, todas as células vibravam no organismo feminil num balanço arrojado de introspecção. Rodearam-na todos os fantasmas, heróis da batalha pelo absoluto, e figurinhas diminutas se emaranhavam na turva cabeleira de tempestade, procurando as entradas cerebrais.
>
> Desceu a tortuosa escada enrolada num casaco de cintilações metálicas e veio para a rua e passou por mim. Andou em passos rápidos entre cegos e bastardos. No meio da indiferença era apenas uma mulher indistinta entre as outras.
>
> No dia cinzento, ninguém reparava a mulher que enterrara as esperanças, que não via soldados nem crianças. Seguiu até a porta da vida.
>
> Voltará. Subirá pálida a escada tortuosa de seu apartamento. Encontrará de novo o ambiente de prata e de flores de sangue. Depois, jantará, como de costume.
>
> ARIEL

A Noite, *7 de setembro de 1942*.

Vários autores usaram o pseudônimo de ARIEL, entre eles Coelho Neto, Martins Fontes e João de Souza Ribeiro Filho (carioca, nascido em 1915).

Segunda-feira, 7 de Setembro de 1942

O ARTIGO DO DIA

MUNDO PEQUENO

Dizendo que o seu reino não era deste mundo, Cristo afastou-se mui condignamente da companhia dos loucos.

Com toda a certeza, o criador da civilização ocidental horrorizava-se ante a intemperança dos povos e dos seus dirigentes. Não valia à pena reinar num mundo cujos seres preferiram sempre a desgraça agitada à felicidade tranquila.

A loucura nascida há três anos no corredor polonês, vôa hoje de cabeça para cabeça. O ser humano de nossos dias delira e geme de dor, porque não pode evitar que o mundo inteiro, diariamente, se lhe estampe no cérebro com toda a sua mixórdia de guerras e chacinas. O mundo lhe parece aterradoramente pequeno. Num segundo, o rádio lhe traz à mente a Rússia, a Alemanha, a Inglaterra, o Japão e a China, ensanguentados e atroadores. E nunca há tréguas para o pobre cérebro moderno. De todo lado penetram nele turbilhões de notícias cruas e atrozes: regimentos esfacelados, cidades pulverizadas, decretos bruscos e transtornantes, nações inteiras desmoronadas da noite para o dia. E, uma após outra, fórmulas novas para a salvação da humanidade. Discursos alviçareiros, promessas de uma vida paradisíaca, profecias de toda espécie. De instante a instante, pobres diabos são transformados em demagogos de alta pretensão. Saem grossos volumes da pena de secretários, cozinheiros, financistas e aviadores. "Eu fui costureiro de fulano" "Eu fui barbeiro de sicrano" "Eu vi tal nação cair". Papel! Papel e mais papel para uma literatura de ocasião, que dê pasto aos degenerados apetites da hora presente. Em letras de fôrma e em ondas hertzianas se condensa todo este nosso pobre mundo, para que cada um de nós tenha uma visão diária do seu pavoroso estado. Sob o efeito desse terrível prodígio de síntese, vamos sendo inconcientemente submetidos a espantosas mutações de personalidade. Dia a dia vamos nos integrando no seio da brutalizada coletividade. A sensibilidade se esvai. De nossos escombros, ressurgem seres estranhos, monstruosamente desorientados, frios, crus. A ferocidade mais bárbara não consegue abalar-nos. Ferve um desejo universal de destruição. Tudo se justifica pela alucinada vontade de reconstrução. Todos odeiam e têm razão. Um só, tem que suportar os uivos de milhões. E o único remédio é uivar também.

Mas a grande, premente esperança é que das distâncias encurtadas pelo progresso e do mundo unificado pela dor resulte a compreensão, o equilíbrio e a serenidade necessárias para que o mundo se torne digno do reinado de santos e profetas.

CECILIO J. CARNEIRO

A Noite, *7 de setembro de 1942*.

Cecílio J. Carneiro (Paracatu, MG, 1911 – 1970). Foi autor de vários romances muito lidos em seu tempo, mas hoje praticamente esquecidos, à exceção de *Memórias de um redivivo*, considerado de caráter espiritista, reeditado em 1999.

A PEDIDOS

EDGARD, PREPARE O LOMBO!

Antonio Constantino

O suplente em exercicio da bancada do PSD, na Camara Federal, isto é, o parlamentar em crisá da que é o sr. Edgard dos Batistas e dos Pereiras, deitou, ontem, falação no Palacio Tiradentes. Foi a soporifera arenga do costume, contra o Governador Adhemar de Barros e também contra o deputado Paulo Nogueira Filho. Este, com um dos maiores discursos já pronunciados no Parlamento da República, reduziu a pó as diatribes que o Detefon do embaixador José Carlos de Macedo Soares lançou ao governo, bandeirante. Nunca se viu um palrador ser assim vencido e destroçado na arena tribunícia, para, o fim da historia, se encontrar como a "terra caída" com que ele se auto-retratou. Segundo se informa, o político de Bragança que mais lambeu as solas dos sapatos do atual chefe do executivo paulista, despejou a vaza dos insultos na direção do contendor progressista que lhe pôs a calva à mostra. Os leitores estão recordados do assunto. Coube ao deputado aulo Nogueira Filho desmascarar a aleivosia do sr. Edgard que, outrora, à cata de cartório e de posição, teceu rasgados elogios ao ilustre sr. Adhemar de Barros, mais tarde agredido pela oratoria de picadeiro do mesmo Pereira que é Batista, pelo que se infére, a raiva explodiu, mais uma vez, da loquela de caracaxá do suplente de emergencia. Mas foi um dos maiores desastres a que assistiu, comiserada, a Camara dos Representantes da nação.

Note-se que a edgárdica paroleira necessitou de quase dois meses para vir a lume. Perto da categoria do que La Fontaine contou em versos classicos. Enfim, o "ridiculus mus" que a "mons parturiens" degetou em linguagem de artificio sa pernóstica adjetivação do estilo de figurinha dificil. Porque isto o suplente em exercicio é mais do que ninguem. Complicado em tudo, embora se apresente naquele retorcido meloso de especime de "ancien régime". O reacionario ex-oficial de gabinete da interventoria do sr. Adhemar de Barros não compreende a evolução da democracia social e progressista, e daí o seu furor histérico em acometer com o governo e com a terra de São Paulo, como se porventura a gente piratininganas tivesse de arcar com a culpa da falencia do cartaz de todos os Edgards que são relogios atrasados no seu proprio tempo.

Sei que a bancada do PSP havia resolvido não ligar, no instante, aos acessos de eloquencia clownesca do contorcionista que, para se referir à verticalidade da figura do estadista dos Campos Eliseos se descompôs em curvaturas de símio mesureiro, hipócrita e oportunista. Não tomou, a bancada do PSD, ontem, nenhuma atitude em face da oratoria ultrajante do bufão que viveu clamando a "vendetta, tremenda vendetta", nos corredores do Palacio Tiradentes. São desde muito conhecidos os seus moveis e intenções, bem como os de sua comparsaria. Edgard é escandaloso, gosta de chamar a atenção. Nisto, é um temperamental. O troco lhe será dado, na ocasião propicia, dentro de poucos dias, quando novamente o deputado Paulo Nogueira Filho o apanhará pela gola, exibindo-o ao escarneo dos seus proprios colegas, no augusto recinto da Camara Federal. O xingador somente se compraz em atirar mentiras e calunias ao Governador Adhemar de Barros o mesmo político que ainda há poucos anos era o santo da devoção edgardesca. Atualmente, esmagado pela resposta sensacional de Paulo Nogueira Filho, em defesa da dignidade e dos brios de nosso Estado e de nosso governo, volveu ele a torrente das injúrias contra essa figura popular e prestigiada que é indene às explosões de todos os despeitados do porte do suplente pessedista.

Edgard, prepare o lombo, limpe o "maquillage" que este será o derradeiro "round" para o seu nocaute!

Diário de S. Paulo, *26 de maio de 1948*.

Antônio Constantino (Franca, SP, 1898 – S.Paulo, SP, 1963). Formado em direito, organizou e dirigiu a Biblioteca da Faculdade de Direito. Além de colaboração em jornais, escreveu romances.

ANO I — São Paulo, Segunda-feira, 7 de Setembro de 1942 — N. 27

A NOITE
S. PAULO

1.ª EDIÇÃO — 400 RÉIS

Diretor: MENOTTI DEL PICCHIA — Empresa A NOITE — Superintendente: LUIZ C. DA COSTA NETTO — Gerente: JOAQUIM E. MACEDO

REDAÇÃO E OFICINAS: RUA SETE DE ABRIL, 381 — TELEFONE: MESA DE LIGAÇÕES INTERNAS: 4-0626 — CAIXA POSTAL, 2750

A DATA DA INDEPENDENCIA DO BRASIL

O país está em guerra ao passar, hoje, a nossa data nacional — a data da Independência. Ela deixa neste momento de ser tão somente uma efeméride cívica, com que a nação, comemorando os feitos heróicos que lhe deram a liberdade e a sua unidade política, se orgulha do caminho andado, patente na grandeza das suas cidades, na colonização do sertão, na excelência dos seus portos, na interligação do seu imenso território. Neste, o povo brasileiro, entre todos o mais pacífico, encontra amplas possibilidades de trabalho que lhe asseguram o bem estar e possibilidades de desenvolver as suas aptidões. No seio de uma natureza, que para nós foi generosa, vai o nosso povo, alheio às lutas, fruto da ambição, que agitam a velha Europa, edificando a sua própria civilização, com o concurso de quantos, fugindo às agruras do velho mundo, vieram para a América em busca de um novo ideal de liberdade e igualdade, consubstanciado em oportunidades iguais para todos.

A-pesar-da tradição prudente da nossa diplomacia, que sempre evitou a guerra, recorrendo à arbitragem para a solução de todas as questões que diziam respeito aos interesses do país ou às que considerava como sendo o seu direito, a nossa pátria foi atacada. Foi atacada sem que para isso tivesse dado a menor causa. Foi atacada nas suas próprias águas, em navios desarmados que faziam pacificamente o transporte de nossos irmãos — homens, mulheres e crianças — de um ponto do país para outro. Muitos deles morreram. Mas a nação se ergueu num brado de protesto e o país uniu a sua causa à causa de todos os povos que lutam pela sua liberdade.

A data de 7 de Setembro é, pois, hoje, mais do que uma data cívica; é a demonstração da união sagrada de todos os brasileiros em face do perigo. Esta é a maior força de uma nação. Esta é a nossa grande força, a que fundiu raças e povos diferentes numa grande comunhão de bondade, de doçura e de solidariedade humana, que caracteriza o nosso povo. São esses os valores morais da nossa civilização que preservaremos custe o que custar, como há cento e vinte anos atrás, soubemos lançar a primeira pedra do alicerce de uma grande nacionalidade.

O continente americano, no início do século passado, esteve todo unido ante a ameaça dos propósitos recolonizadores da Europa e, nesta parte do mundo, defendeu os seus ideais de trabalho, de onde haviam de surgir as grandes nações da América. Todas elas, hoje, se encontram novamente unidas para defesa deste mesmo ideal, contra as idéias falsas de superioridade de raças e de castas, pelas quais se quer perpetuar no mundo a torpe exploração do homem pelo homem.

A América, tanto a do Norte, como a do Centro e a do Sul, tem na descoberta de um território imenso, na luta contra a floresta e contra o desconhecido, na defesa do seu solo contra a cubiça de piratas aventureiros, nas guerras da independência, um passado comum. Este passado faz com que todos os povos americanos, em face de novas agressões, tenham o mesmo sentimento. Assim os agressores da América a encontram forte, unida e firmemente disposta a defender-se. E o Brasil, unido unanimemente em torno do seu grande Presidente, que vem guiando os seus destinos com a segurança de quem conhece os seus mais íntimos anseios, na data da sua Independência, reafirma a sua vontade de continuar independente, não medindo sacrifícios para esse fim.

A Noite, 7 de setembro de 1942.

DIARIO DE S. PAULO — Quarta-feira, 26 — 5 — 1948

INSTANTANEOS DE LITERATURA

AS BATALHAS DE NAPOLEÃO E O AMOR

JOSE' LINS DO REGO

RIO, 25 — Denis de Rougemont no seu magnifico livro sobre os mitos do amor conduz as suas pesquisas sobre Napoleão, até ao amago da vida do corso genial. E chega a ligar as suas obras primas, que foram as batalhas, aos seus casos de amor.

Muito curioso, nos diz Rougemont, fazer paralelos entre os amores de Bonaparte e as suas campanhas da Italia e da Austria.

Um certo tipo de batalha corresponde à sedução de Josefina. E' o golpe de audacia do inferior que lança todas as suas forças sobre um porto decisivo. E, blefa.

Outro tipo de batalha corresponde ao casamento dinastico com Maria Luiza. E' a grande batalha classica, como a de Wagram onde se combina uma ciencia que se transforma em retorica e a surpresa maciça e brutal.

Waterloo seria uma batalha perdida por excesso de ciencia, ou pela ausencia do amor.

O fato é que conforme Rougemont, Napoleão foi o primeiro general que submeteu a sua inspiração guerreira ao fator passional. Donde o grito de espanto de um general que ele venceu na Italia "Este Bonaparte desconhece os mais elementares princípios da guerra".

o o o

Plon editou o livro postumo de Raul Ganot. "Introduction a l'histoire de la Pinture"

E' livro que aconselho aos futuros discursos dos oradores que Chateaubriand convocar para os outros Velasquez que forem chegando.

o o o

Mais um livro de Steimbeck em português: "O destino viaja em ônibus". A minha filha mais velha leu este romance e me disse depois: "eu tenho medo da América".

Seção Instantâneos de Literatura, publicada no Diário de S. Paulo, *26 de maio de 1948.*

DIARIO DE S. PAULO

INSTANTANEOS DE LITERATURA

MANOEL

JOSÉ LINS DO REGO

RIO, 27 — Saí para ver de perto a manhã em Cantagalo. O frio da noite ainda doia-me nos ossos de quarentão. Fui andando de rua afora, e a gente da terra, às sete horas, parecia refazer-se da madrugada de 9 graus. O parque estava vasio, o comercio fechado, e muito silencio nas casas estremunhadas.

Ganhei a estrada rural, e pela beira do riacho que roncava, crescia uma mataria rasteira que floria em branco e vermelho.

Mais adiante, uma casa grande com negros velhos tomando banho de sol como lagartixas.

Era o asilo da mendicidade. Uma negra velha arrastava-se pelo chão, atrás do calor, e outra varria a calçada, descadeirada, toda troncha.

Mais para um canto, em pé, de vara na mão a olhar o morro, um negro de cabelo branco. Devia ser um escravo das fazendas imperiais. E era mesmo. Chamava-se Manoel, de 95 anos, e com a memoria de um anjo. Os cabelos brancos não eram de carapinha, mas cresciam para trás, em novelos de algodão.

Manoel viera com 14 anos de Alagôas, no tempo da seca de 77. Era filho de um fazendeiro de Piranhas com escrava. Quando nada mais tinha para comer, o pai o vendera para o sul. Chegou em Cantagalo para o Visconde de Pinheiro. O Visconde queria negro bonito para a banda de música da fazenda São Sebastião. Ele não dera para instrumento, e foi criar um neto do senhor chamado Pedrinho. O Visconde não dava em negro. Um filho dele que era barão, tinha coração de pedra. Depois que o Visconde morreu o barão deu em negro, até 13 de Maio.

E como lhe gabasse a memoria, Manoel se ufanou de tal forma que me confessou: "Me lembro até do dia em que me apartei do leite da minha mãe".

E desde que lhe disse que era do norte, abriu a boca sem dentes, para um sorriso de imensa ternura: "O patrão é bem patricio meu".

Falei-lhe de Alagoas e ele quis saber noticia: "E Piranhos foi prá riba?".

Manoel, vendo que não o entendia, ilustrou a pergunta: "Não botaram estrada de ferro por lá?".

Dei-lhe noticia de tudo. Manoel queria saber mais: "E o São Francisco, ainda é o rião que era?".

E agradecendo as moedas que puz na mão tremula: "Deus lhe dê virtudes, patrão".

* * *

O editor Saraiva, de São Paulo, fundou um novo livro do mês, ao preço de dez cruzeiros o volume.

Seção Instantâneos de Literatura, publicada no Diário de S. Paulo.

A Academia Brasileira e o espírito moderno

O DIVÓRCIO DE GRAÇA ARANHA – A TÉCNICA DAS SUCESSÕES – A ACADEMIA, INSTITUIÇÃO DEMOCRÁTICA – MODERNISMO E POESIA – COMO JORGE DE LIMA FALOU A "A MANHÃ"

PROCURAMOS JORGE LIMA em seu apartamento, no Posto 6, em frente ao mar. As janelas do gabinete de estudo do grande poeta dão para o oceano, cuja presença está real sobre a mesa em que ele escreve, com a brisa marinha perpassando entre as estantes e o constante rumor das ondas sobre a praia vespertina. Lá fora um "destroyer" fumarento corta a baía enquanto os lavados pássaros do mar riscam o céu. Motivos inspiradores para o intelectual que reparte a sua ânsia de realização artística entre a poesia e também a pintura. No instante em que penetramos o seu gabinete ele está folheando um livro de título curioso: "A Book of Unlikely Saints" de Margaret T. Monro. Como nos esperasse àquela hora aprazada e soubesse de antemão o motivo que nos levava a interromper a sua leitura, fomos iniciando a palestra sem qualquer praxe ou qualquer protocolo.

Por que olhássemos o título deste "Livro de Santos Improváveis", ele nos adiantou:

O sr. Jorge de Lima, falando a "A MANHÃ"

— É uma obra novíssima chegada há dias de Londres sobre a vida de alguns santos improvisios como S. Francisco Borgia. Considere que foi um "record" extraordinário o deste Francisco conseguindo santificar-se mau grado o peso morto do *ominous name of Borgia*, como diz a autora Margaret T. Monro.

— Também é "record", adiantamos, o de receber-se livros, neste tempo, da Europa...

— Sem dúvida, respondeu-nos o poeta. E aqui está outro tão interessante quanto o "Livro de Unlikely Saints": "Why Exhibit Works of Art?" de Ananda K. Coomaraswamy. O capítulo "Is Art a Superstition" é admirável.

A ACADEMIA E OS MODERNISTAS

— Então? A Academia? Vence-se ou não se vence desta vez?

— Não sei. Quem sabe? O voto é secreto. Mas espero. Apresento-me com vinte e seis obras. Como se vê, tenho trabalhado em excesso, além de minhas forças.

— É curioso, retrucamos, este fato de procurarem agora os modernistas a Academia. A crença geral é a de que os de sua geração abominavam a "Casa de Machado de Assis"...

— Puro engano; justamente após o divórcio de Graça Aranha, por incompatibilidade de gênio com a Academia e que o modernismo se sentido contrário ao do iniciador do movimento a procurou, lutou mesmo para ingressar naquele grêmio. Nós modernistas surgimos sem compromissos de escola, mesmo sem chefes, sem modelos, sem programa, mas com um respeito absoluto ao que representasse verdadeiramente tradição brasileira. Ora a Academia é tradição legítima, continua e viva tradição. Veja que ela começou, basta consultar o discurso de fundação de seu primeiro secretário geral Joaquim Nabuco, cedendo o maior número de lugares aos novos, aos modernos daquele tempo. Continuando esta praxe, muitos nomes ilustres de minha geração foram acolhidos pelas gerações que decorreram entre Machado de Assis e Lucio de Mendonça e a dos de minha geração: Múcio Leão, Alceu Amoroso Lima, Cassiano Ricardo, Manoel Bandeira, Pedro Calmon, Manotti Del Picchia, Guilherme de Almeida, Ribeiro Couto e Barbosa Lima Sobrinho.

"E por falar no autor de "Arvore do Bem e do Mal" vou relatar-lhe um episódio em que Barbosa Lima entrou sem querer e mesmo sem saber. Já ouviu falar em Ludovico Schwennhagen? Este austríaco falecido em março de 1932 em Candido Mendes, no Maranhão, fôra discípulo de um irmão de Mommsem, em Viena. Era um sujeito alto, vermelhíssimo tostado do sol brasileiro, de bigodão duro e ruivaço, sobrancelhas de fogo ásperas e grossas sob as quais repousavam uns olhos azues descansados de poeta. Apareceu-me um dia no Ginásio de minha terra onde eu era professor de literatura com uma carta de apresentação atrazada de dez anos que me enviava Irmengart Modersohn. Pretendia obter um auxílio do governador Costa Rego para fazer investigações sobre o explorado Rio S. Francisco que ele acreditava drenado por engenheiros egípcios, cuja cachoeira fora construída a mando dos Faraós, 617 anos antes de Cristo. Schwennhagen há quase vinte anos que vivia pearmbulando ao longo dos rios brasileiros, desde o Solimões e os rios acreanos até os boqueirões, furnas e pedras com inscrições, do interior de todo o nordeste brasileiro. Schwen dizia estas coisas nas barbas dos Institutos Históricos com uma seriedade e uma convicção de visionário. Os eruditos dos Institutos contestavam-no, recusavam-lhe os salões para as suas conferências, desafiavam-no pelos jornais, desmentiam que ele soubesse nengatu, como dizia. Schwennhagen não ligava, arranjava qualquer local onde pudesse contar as suas fabulosas histórias, precisando com minúcias as regiões em que os Tupis, emigrados da Atlântida haviam desembarcado para firmar acordos de colonização com os Fenícios. Obstinado, impávido, convicto do que anunciava verdades. Schwennhagen, quando o conheci já havia conseguido um público de crentes enormíssimos, público este desiludido dos Institutos aferrados ao documental e sem a coragem de criar toda uma pre-história do Brasil que o visionário austríaco julgara haver lido nos sinais misteriosos, gravados em vermelho indelével nas pedras marginais dos rios do Nordeste.

— E Barbosa Lima Sobrinho? — perguntamos.

— Barbosa Lima aparece quando Ludovico obtivo um pequeno auxílio do Governo Costa Rego procura nas bibliotecas de Maceió fontes literárias e científicas sobre o rio de São Francisco e me aparece exaltado com um de meus poemas em que há versos assim:

"As canoas de Pirapora com as proas de cabeça de touro..."

— Isto é egípcio, disse-me. Canoa com cabeça de bicho é egípcio, com certeza absoluta.

Tive que desfazer toda a fantasmagoria de meu poema impregnando na cachola meio doente do professor austríaco oferecendo-me o livro "Pernambuco e São Francisco" de Barbosa Lima Sobrinho. De Piranhas de que reputava a cidade mais velha da América, construída e irrigada por egípcios escrevia-me que o livro de

(Conclue na 9ª pag.)

Ao lado, página do jornal A Manhã, *de 2 de abril de 1944, que traz entrevista com o poeta e romancista alagoano Jorge de Lima (1893-1953), por ocasião de sua nova candidatura à Academia Brasileira de Letras, para a qual não foi eleito. Infelizmente, a matéria do jornal está incompleta.*

> A família do Prof. Emerito
>
> # FRANCISCO MORATO
>
> agradece, sensibilizada, a todos que a confortaram no doloroso transe por que passou e convida os parentes e amigos para assistirem à missa de 7.º dia que fará celebrar SEXTA-FEIRA, dia 28 do corrente, às 10 horas, na Igreja de Santa Cecilia.
>
> Por mais este ato de religião e amizade, antecipadamente agradece.

Diário de S. Paulo, *26 de maio de 1948.*

Francisco Antônio de Almeida Morato ou apenas Francisco Morato (Piracicaba, SP, 17 de outubro de 1868 – São Paulo, SP, 12 de maio de 1948). Foi promotor público e fundador da Ordem dos Advogados de São Paulo, a qual presidiu de 1916 a 1922 e de 1925 a 1927. Foi também membro do Instituto Histórico e Geográfico de São Paulo e professor da Faculdade de Direito de São Paulo, da qual foi diretor entre 1935 e 1938. Na política, foi deputado federal pelo estado de São Paulo em 1930 e secretário da Justiça e Negócios do Interior durante a interventoria de Macedo Soares.

Filhos de Deus

FRANCISCO PATI

O sr. padre Arnaldo de Morais apresentou na Camara Municipal, na sessão de sexta-feira ultima, uma indicação que me parece digna de aplausos.

Como os leitores já perceberam, cada vereador, em regra geral, puxa a braza para a sua sardinha. Se reside no Belem e obteve no distrito um numero consideravel de votos, quer melhoramentos para o Belem, e é então um nunca mais acabar de pedidos de oficialização de ruas, iluminação publica, agua, esgotos, calçamento, escolas, teatros, o diabo. A's vezes, mesmo não residindo neste ou naquele bairro, mesmo não tendo obtido maioria em nenhum deles, é o vereador, por sugestão de amigos, obrigado a pleitear melhoramentos para eles. E isso dá ás reuniões do conselho municipal um ar de colcha de retalhos. Fica tudo fragmentario.

A indicação do padre Arnaldo visa corrigir tais inconvenientes e é no sentido de que se faça, na Secretaria de Obras, no tocante á distribuição do calçamento, o sorteio dos bairros.

Disse linhas acima que merece aplausos a idéia do reverendo. Não, porem, aplausos totais. Vê-se que ele "está quente", conforme se diz, durante os brinquedos de adivinhação, nas salas de visita. Estar quente é estar quase adivinhando o esconderijo do lenço que a mocinha colocou atrás do piano. No caso da vereança, estar quente é ter quase descoberto o verdadeiro sentido dos melhoramentos urbanos. Não adianta pedir o calçamento, hoje, de uma rua no Braz, amanhã, de uma avenida no Jardim America, a seguir, de outra rua em Pinheiros. Todos os bairros são filhos de Deus. Todas as ruas merecem tratamento igual por parte da Camara.

A meu ver, o sorteio não resolve o problema. Dever-se-ia organizar um plano de melhoramentos abrangendo a cidade inteira. E eu me sinto bem á vontade para falar, sobre o assunto, com destemor e franqueza, porque, alem de funcionario municipal, tenho, á frente da Secretaria de Obras, um velho amigo, companheiro desde os bancos da Escola Complementar, na praça da Republica.

Quais os melhoramentos que a Camara Municipal pode pleitear em favor dos bairros? Enumeremo-los: agua e esgoto, calçamento e iluminação publica, vias de acesso, transporte abundante, telefone, praças ajardinadas. Organizado, então, o plano de melhoramentos, iriamos dividir os arrabaldes em grupos. De um lado, os que possuem alguma coisa; de outro, os que nada possuem. Aqui, os bairros privilegiados, que nem bem são desenhados no papel, já obtem oficialização de ruas, e, juntamente com a oficialização, tudo quanto contribui para valorizar-lhe os terrenos, vendidos em lotes; ali, os que nascem ao Deus-dará, hoje uma rua, amanhã uma praça, aqui uma casa, ali uma igreja, alem uma fabrica...

Os leitores já desconfiaram de que estou querendo chegar ao bairro onde moro, na Cantareira.

E' isso mesmo. Nenhum bairro tem crescido mais irregularmente do que este. A' entrada de Tremembé, no ponto onde nasce a Avenida Pedro Vicente (não confundir com outra de igual nome em Sant'Ana), construiram, de um lado, um hotel de veraneio, e, de outro, uma série de armazens. Dá-se ao local o nome de "Fazendinha". Pois a "Fazendinha" é um perigo. Devido ao intenso movimento de veiculos, — automoveis, caminhões, onibus — do bairro para a cidade, da cidade para o bairro, a "Fazendinha" causa arrepios em pedestres e cinesiforos. Se haviam de abrir uma praça naquele ponto, de maneira a aumentar a visibilidade de quem guia, e, ao mesmo tempo, para dar ao arrabalde o largo que lhe falta, construiram casinholas e mais casinholas, muito alegrinhas enquanto novas, isto é, enquanto pintadas de novo. Daqui a meses estará tudo preto. Não demora muito se chamará, em vez de "Fazendinha", encruzilhada da morte.

Aqui, tudo se faz á revelia do poder publico. Tudo quanto no "Codigo de Obras" (tanto no velho "Codigo Saboya" como no que vem sendo anunciado desde a criação das secretarias municipais), tudo quanto no "Codigo de Obras" representa infração encontra exemplos neste bairro. Não se assenta um tijolo no devido lugar. Tudo nasce errado. E' tudo particular, — até a pavimentação da minha rua!

Vamos, pois, ás obras de conjunto e não nos esqueçamos da Cantareira. Somos todos, no fim de contas, filhos de Deus. Bem sabe disso o padre Arnaldo.

Correio Paulistano, *26 de maio de 1948.*

Francisco Pati (Amparo, SP, 1898 – São Paulo, SP, 1970). Foi jornalista muito ativo e tradutor. Atuou no Departamento de Cultura de São Paulo. Foi mentor da *Revista do Arquivo Municipal.*

Clark Gable
alistado na aviação norte-americana

Com a saída desse astro, a Metro perde 7 milhões de dólares por ano — Um novo soldado sem bigode — O acabrunhamento com a trágica morte de Carole Lombard

HOLLYWOOD, 6 (De Maria Isabel Martinez, da Reuters) — Quando a morte surpreendeu, de modo tão trágico, a adoravel esposa de Clark Gable, a inesquecível Carole Lombard, achava-se o grande artista na metade da filmagem da película que teria um nome fatídico: "Em algum lugar, algum dia hei de encontrar-te". Clark, acabrunhado, não quís prosseguir no trabalho; mas a Metro Goldwin Mayer o cercou de tantas provas de carinho, durante aqueles dias angustiosos, que o inconsolavel viuvo se conformou em continuar a serví-la, com a condição, porem, de fazê-lo, pela última vez.

E o filme está pronto.

As admiradoras e admiradores do glorioso astro não perderão, por certo, esta sua derradeira aparição na tela. É uma esplêndida vida artística que se interrompe, mas, ao mesmo tempo, a Liberdade ganha um soldado — um soldado raso...

Clark não aceitou o posto de oficial, que lhe ofereceram: incorporando-se às forças norte-americanas, insistiu em ser simples soldado. Quer adextrar-se num dos poderosos bombardeiros que se destinam a combater e aniquilar o inimigo, à grande distância da terra em que a felicidade o acolheu e o abandonou...

E será inutil procurar, no novo defensor da Democracia, aquele bigodinho que fazia a fascinação das platéias femininas: Clark raspou-o... (que notícia terrível para muitas moçolas românticas!) Coisas da guerra, meninas...

Mais, muito mais perdeu a Metro Goldwin: o afastamento do insuperavel Rhett Butler, de "... e o vento levou" ocasionou à empresa um prejuizo de mais de sete milhões de dólares anuais, ou sejam, em moeda brasileira, cerca de 140 mil contos de réis.

E a Metro não se queixa. Aliás, já perdeu Jimmy Stewart, Robert Taylor, Spencer Tracy, todos atualmente nas fileiras do Exército dos Estados Unidos. Que constelação!...

É a guerra, meninas... Ela, porem, acabará — por que tudo tem um fim, mesmo o mal! A Humanidade ressurgirá da catástrofe, engrandecida, purificada, quase santificada. E o futuro bendirá esses heróis, que trocam fortunas, fama e conforto pelo sacrifício da luta, oferecendo-se para lutar pela civilização.

A Noite, 7 de setembro de 1942.

DE CAMAROTE

O CAFÉ MARAGOGIPE

Li, com agrado, o livro póstumo do grande, do inesquecivel Afranio Peixoto. Só não gostei das restrições que êle faz a São Paulo e que, no meu modo de entender, não são justas.

Segundo Afranio, a riqueza de São Paulo não se formou só de outras plantas estrangeiras, sendo tambem desta (o café maragogipe) que lhe deu a Bahia, presente, entretanto, nem sequer bem lembrado *(afirma)*. Supõe Afranio o maragogipe nativo na Bahia.

Para responder ao nobre escritor, recorro ao nosso eminente Afonso d'E. Taunay, sábio nesse como em outros assuntos.

Segundo o autorizado autor da "Historia do Café no Brasil", o café maragogipe (maragogipe — rio dos maraús, ou maracujá) foi posto em evidência, na Bahia, por um tal capitão Crisógono José Fernandes, fazendeiro no municipio de Maragogipe, no arraial de Conceição, freguesia de São Felipe. E, como se diz hoje em dia, chegou tarde: depois de 1870, quando os cafezais já cobriam vasta área do territorio paulista. Basta se saiba que, pelo porto de Santos, foram exportados, da safra de 1870-71, 500.000 sacas, e da safra de 1880-81, mais do dobro — 1.204.328 sacas.

O maragogipe veio, para o Rio de Janeiro e São Paulo, transplantado, ali por volta de 1878 e, aqui, como na terra fluminense, cultivado em pequena escala, como sempre. E' que esse café, apesar de bonito e graúdo, é de baixo rendimento. Comercialmente, não interessava àquele tempo e não interessa hoje.

O conselheiro Pedro Luiz Pereira de Sousa, antigo fazendeiro em Bananal, e José Ildefonso de Sousa Ramos, visconde de Jaguari, tambem agricultor no Vale do Paraiba, foram os que, primeiro, ensaiaram, em São Paulo, a cultura do maragogipe, sendo que este ultimo foi quem deu mudas àquele. Em 1883, sendo presidente da Provincia da Bahia, Pedro Luiz visitou a lavoura do capitão Fernandes, que, não se sabe como, teria importado as primeiras plantas de tal café, que, na abalizada opinião de Taunay, não é nativo do pais.

Enganado, portanto, andou Afranio e não uma, mas duas vezes: primeiro quanto a esse ponto e segundo no que diz respeito à sua ilusão de que o café maragogipe teria feito, em grande parte, a riqueza de São Paulo. — S.

Correio Paulistano, 26 de maio de 1948.

Diário de S. Paulo, 26 de maio de 1948.

Mulheres do Alentejo

Costa Rego

Lisboa, 4 de maio – Para dizer-lhe hoje estas palavras meu Joaquim, eu devia escrever-lhe de Évora, de Vide, guardando bem clara nos olhos a paisagem, do Alentejo; mas não importa que de Lisboa esse quadro seja evocado, pois a extensão de seus horizontes parece continuar pelo vale do Sado e só morrer aqui...

Deseja você uma figura humana da região? Dou-lhe três, dou-lhe cinco, dou-lhe quantas quiser, por serem uma só imutáveis típicas. São aquelas mulheres que ali regressam da apanha da azeitona. Têm o aspecto quase duro de viragos. A saia está-lhes amarradas às pernas, em forma de calção, e o que das pernas fica visível deixa adivinhar sua robustes. Cobre-lhes a cabeça um chapéu largo debaixo do qual, protegendo-lhes a nuca, se ajustam grandes lenços de cor vermelha muito viva. O braço direito, à guisa de cabide, enfia-se pela alça dos cestos, enquanto o esquerdo[,] vigorosamente, sublinha a marcha.

Se você as observa de perto, Joaquim, elas perdem o traço veronil do conjunto. O rosto moreno apresenta-lhe dois olhos negros e um sorriso onde há evidentes promessas femininas; e vem-lhe então a ideia sacrílega de repetir aqueles versos de um conto de Coelho Neto:

> Deus do Céu, Senhor meu Deus,
>   Que olhos negros tão fatais...

A própria Virgem Maria
Não tinha uns olhos iguais.

E o Alentejo, meu Joaquim, sim, é o Alentejo que vibra em suas veias, na doçura da poesia, o mesmo Alentejo que inspirou estes outros versos populares:

O Alentejo não tem sombra,
Senão a que vem do céu...
Acoite-se aqui, menina,
Debaixo do meu chapéu.

Com efeito, o Alentejo não tem sombra. A geologia, ciência de imaginação, admite que em largas faixas desse território existiram colossais. A planície alentejana é, assim, por conjectura, um chão imenso onde passou a vassoura da natureza.

As mulheres da apanha das azeitonas, Joaquim, filhas desse chão, guardam, portanto, as ardências do seu meio. O que lhes brilha nos olhos é o resto longínquo, talvez, de uma avalanche de lavas.

Diário de S. Paulo, 28 de maio de 1948.

A Torre de Belém

Costa rego

Lisboa, 7 de maio – A torre de Belém é um traço de Lisboa, como a torre Eiffel, em Paris[,] ou o Cristo do Corcovado, no Rio de Janeiro. E, todavia, um monumento muito mais velho: tem quatrocentos e vinte e sete anos, depois de acabado é mais moço que o Brasil apenas vinte e um anos.

Assim, essa torre compõe verdadeiramente a fisionomia da cidade, a título de uma das primeiras manifestações do estilo manuelino. Mandado construir como baluarte, quando Portugal, saciado porventura de suas descobertas, receava que outros navegantes lhe forçassem o estuário do Tejo, nem por esse motivo deixou ela de ser uma obra-prima da arquitetura de seu tempo, dessa arte da pedraria que marcava um reinado mais do que uma expedição marítima.

Como certa ilha histórica da Guanabara, hoje transformada em ponta geográfica por motivo do avanço dos aterros, a torre de Belém, erguida sobre a água, também acabou ligada ao continente, em consequência de haver-se deslocado o curso do rio. Mas é bem no meio da corrente que vale considerá-la com a imaginação para melhor entendê-la, para sentir o que ela representa no quadro familiar de Lisboa. Levantada por um esforço que durou seis anos, cada pedra carregada por meio de embarcações, e estas a flutuar em torno da base dos trabalhos como formigas atacando um corpo inerte, um corpo que afinal aumentava em dimensões todos os dias e destinado perpetuar-se no triunfo imortal da beleza.

Foi assim que vi de bordo, pela primeira vez, há vinte e nove anos, essa torre, querendo que ela flutuasse e – pois que em sua base poligonal avança como a proa de um navio – representasse em forma gigantesca a velha nau catarineta, de minhas cheganças, ao Natal, quando eu era menino.

Assim também a devem todos admirar, por fora. Só por fora a sua riqueza decorativa agrada a vista.

Por dentro, como a vi ontem, ela é soturna, embora represente nos três pavimentos em que se desdobram motivos elegantes; colunas, capitéis, um teto elíptico, uma abóboda de cruzaria. A estreita escada de pedra, desenvolvida em caracol, e as grossas paredes apresentam sem dúvida, exata, ilesa, a forma original, ao contrário desse outro monumento típico de Lisboa, o Castelo de São Jorge, antiguíssimo, onde o sinal das restaurações aparece a cada passo.

O que me deu bastante meditação foram os porões, lá embaixo, escuros, praticamente sem acesso, e que eu apenas adivinhava pelos respiradores abertos em um pequeno claustro de arcos redondos e ogivais. Aquilo era, no começo da torre, paiol da pólvora e mais tarde serviu de prisão política. O delito de pensar contra a nossa opinião, meu Joaquim, desperta maior crueldade da represália, e esta nem sempre encontra, para exercer-se, os elementos construtivos da tradição românica.

DIARIO DE S. PAULO — Quarta-feira, 26 — 5 — 1948   ESPORTES   — Pag. 3

CHICO LANDI E R. ABRUNHOSA NÃO PODERÃO CORRER DOMINGO EM BARI

Ao mesmo tempo que recebiamos um comunicado nos informando que o volante brasileiro Rubem Abrunhosa, tinha chegado a Roma para participar do Circuito de Bari, recebemos um telegrama distribuido pela France Presse com as ultimas informações sobre a disputa do Circuito e que se resume em: Os representantes do Brasil não poderão correr.

Esse fato, aliás é muito lamentavel, pois sabe-se que essa prova além de ser aguardada com grande interesse pelos afeiçoados brasileiros, representava para Chico Landi principalmente a possibilidade de concretizar um grande desejo: vencer o Circuito. O telegrama é o seguinte:

BARI, 25 (AFP) — O popular "ás" do volante brasileiro, Chico Landi, não poderá participar com sua maquina do Grande Premio de Bari porque as caracteristicas de sua "Masseratti" não correspondem às especificações estabelecidas pela corrida. Chico Landi e Rubem Abrunhosa souberam desta noticia, apenas depois de terem chegado a Bari.

"Ficamos bastante surpreendidos e decepcionados — declarou Chico Landi ao representante da France Presse. Eu estava muito bem preparado com minha "Masseratti" de 1.500, com a qual esperava e desejava conseguir o exito que me é impossivel obter no ultimo momento, antes da corrida, porque a potencia de minha maquina é inferior à das outras maquinas concorrentes."

Chico Landi deverá então apenas se contentar em assistir à corrida de Bari. Ele não poderá lutar com as "Ferrari" e as "Masseratti" dos italianos.

"Não vim à Italia para passear, concluiu com amargura o brasileiro Chico Landi, acrescentando: Evidentemente que Bari não me proporcionará a alegria de competir. Participarei então, juntamente com Abrunhosa, do Grande Premio de San Remo, em 27 de junho e do "Grande Premio de França".

Diário de S. Paulo, *26 de maio de 1948*.

VICENTE CELESTINO NO TEATRO COLOMBO

Continua, em pleno sucesso, no Teatro Colombo, a canção encenada, em dois atos, de Vicente Celestino, "O ébrio", baseada na canção homônima.

Este espetáculo tem agradado em cheio ao público do Braz, que tem superlotado literalmente as dependências do Teatro Colombo.

No protagonista, Vicente Celestino tem um trabalho impecável. A seu lado, brilham, outrossim, Gilda de Abreu, Mariú Lemar, Durvalina Duarte, Jandira Santos, Otávio França, Domingos Terras e outros.

Hoje, novamente em vesperal e à noite, "O ébrio".

Amanhã, mais uma novidade para o Braz: "Ouvindo-te"...

A Noite, *7 de setembro de 1942*.

> OUÇAM DIARIAMENTE ÁS 19 HORAS
> **"PLACARD"**
> UM PROGRAMA BLÓTA JUNIOR
> A PALAVRA DE ESPORTES DA CIDADE!
> Uma realização da
> RADIO CRUZEIRO DO SUL em
> combinação com "A NOITE"
> — PRB-6 — PRAÇA PATRIARCA — 1.200 KCLS. —

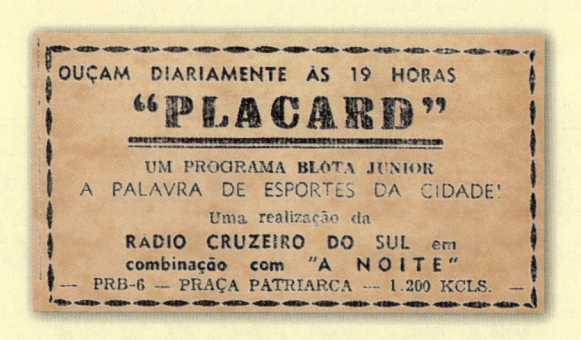

A Noite, *7 de setembro de 1942.*

Blota Júnior (Ribeirão Preto, SP, 3 de março de 1920 – São Paulo, SP, 22 de dezembro de 1999). Trabalhou na Rádio Record (depois também Televisão), de 1940 a 1985. Fez programas de muito sucesso, como apresentador e produtor. Entre eles, destacam-se: *Sua Majestade, O Cartaz, Aliança para o sucesso, Rapa-tudo, Blota Jr. Show, Diálogo nacional, Gente que brilha*, e outros. Esteve também na TV Bandeirantes e no SBT. Na locução esportiva, esteve na Alemanha, em 1974, na Copa do Mundo, e na Coreia do Sul, em 1988, nas Olimpíadas. Na política, foi deputado estadual por duas vezes, deputado federal de 1975 a 1979, secretário de Estado dos Negócios de Turismo em São Paulo, secretário de Estado de Informação e Comunicação e secretário de Comunicação, no governo Paulo Maluf. Idealizador do prêmio Roquette Pinto, ele mesmo o recebeu várias vezes.

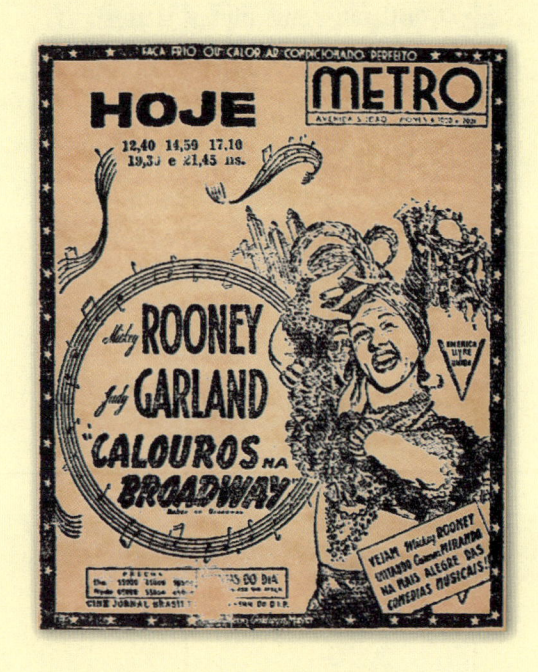

A Noite, *7 de setembro de 1942.*

OUVIR A **ENFERMEIRA "V"**
É UM DEVER QUE TEM VOCÊ

V

OFERTA DO **RADIO** "O RADIO DA VITORIA"
pela RADIO EXCELSIOR na palavra magica de
Manuel Victor
Todas as 3as. 5as. e Sabados às 19 horas
VICTORY RADIO LTDA.
Rua Tuiuti, 1174   São Paulo

FEIRA NACIONAL
DE INDÚSTRIAS
Parque Antártica
**PARA QUE OS PEREGRINOS QUE TOMAM
PARTE NO**
**IV CONGRESSO
EUCARISTICO NACIONAL**
POSSAM VISITAR MAIS DEMORADAMENTE
o grande certame continental
E CARIMBAR AS SUAS PASSAGENS DE
VOLTA NO
PAVILHÃO DO CONGRESSO
**A FEIRA
NACIONAL DE INDÚSTRIAS**
FUNCIONARÁ HOJE
A PARTIR
DAS 13 HORAS
ABRINDO-SE TODOS OS SEUS PAVILHÕES
E
ATRAÇÕES
— x —
INGRESSO 1$500

A Noite, 7 de setembro de 1942.

"MIRIM" e as juventudes das nações unidas

"Mirim", o Orgão Oficial do Pessoalzinho Miudo, iniciou uma série de ilustrações alusivas às juventudes das nações aliadas, apresentando desenhos sugestivos sobre as crianças brasileiras, americanas, inglesas e de todas as pátrias unidas. "Mirim", com essa sua nova e louvavel série, tem por objetivo incutir na nossa mocidade sentimentos de justiça e liberdade, ensinando as crianças a compreender a maldade dos que tentam escravisar o mundo.

A Noite, *7 de setembro de 1942.*

Ágil como um peixe...

O Ford INGLÊS VENCE O TRÂNSITO MAIS DIFÍCIL...

PREÇOS OFICIAIS
Para rápida entrega:

FORDSON - camionete $ 31.000,00
ANGLIA - 2 portas $ 34.000,00
PREFECT - 4 portas $ 38.000,00

QUALIDADE - PEÇAS - SERVIÇO

PERVAL

RUA DAS PALMEIRAS, 315
FONE 51-4842 - SÃO PAULO

Diário de S. Paulo, *26 de maio de 1948.*

Aparecerá nos primeiros dias de Setembro uma nova revista para o mundo elegante feminino

Vitrina

uma revista mensal de luxo, literária, mundana e de feição marcadamente feminina e social.

Alem de primorosa fatura material, *VITRINA* destina-se a ocupar lugar de prestigioso relevo, mercê da atração das páginas, onde aparecerão com exclusividade modelos de grandes figurinistas de París, Londres, Nova York e Rio de Janeiro.

As mais sensacionais novidades de alta costura de grande mestra brasileira, apresentadas por distinguidas damas de nossa sociedade, serão estampadas exclusivamente por *VITRINA*

Uma edição da Empresa

A NOITE

A Noite, *7 de setembro de 1942.*

A Noite, 27 de maio de 1948.

Diário de S. Paulo, 26 de maio de 1948.

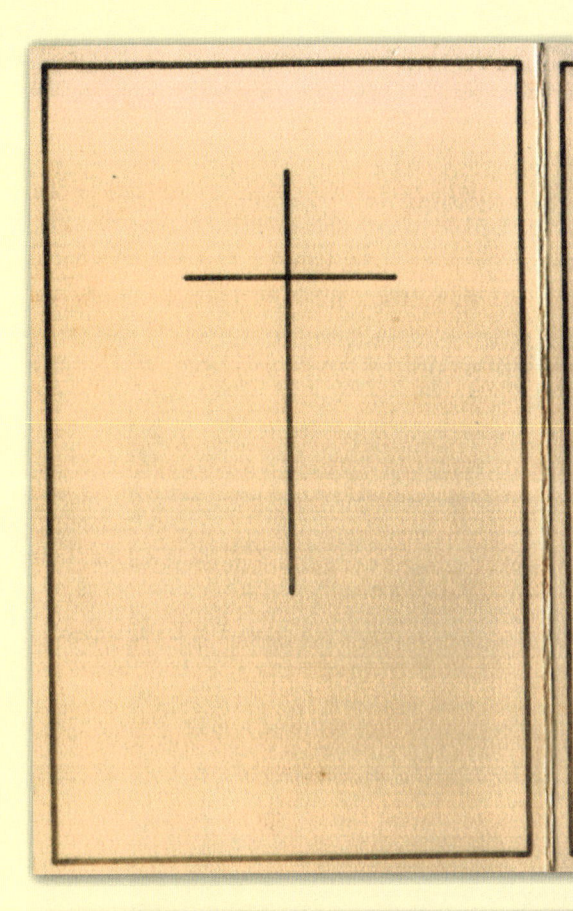

ROBERTINA COCHRANE SIMONSEN

* 20 - XII - 1862
† 28 - X - 1942

FUNDADORA
da
ASSOCIAÇÃO FEMININA SANTISTA
e do
LICEU FEMININO SANTISTA

Como a árvore plantada junto às correntezas da agua, que dá o seu fruto no seu tempo; as suas folhas não cairão; e tudo quanto fizer prosperará. (Ps. I, 3)

... no entanto, tombou a arvore boa, pois, mais do que a alta benção da sua sombra fecunda, à sua terra quiz dar, tambem, lenho para o calor, folhas para o repouso e frutos para o alimento de quantos espiritos o seu espirito formou.

Roberto Simonsen.

ELE OUVIU O RITMO DE BRASIL GRANDE HÁ QUASE MEIO SÉCULO.

ROBERTO SIMONSEN

anteviu o Novo Brasil quando a idéia de tornar a nação econômicamente forte era muito mais um sonho que uma possibilidade.

Esse homem - um Líder - não parou em prognósticos otimistas. Tomou em suas mãos a bandeira do desenvolvimento, construindo as bases da industrialização de hoje.

Quando o país, pelo quarto ano consecutivo, obtém um índice do seu Produto Interno Bruto superior a 9%, chegando em 1971 a 11,3%, quando o crescimento da Indústria atinge 12% e a Exportação marca um recorde de 2.900.000 dólares; quando a coragem e o espírito empreendedor do Governo e do povo brasileiro rasgam o inferno verde e constroem a Transamazônica; quando novas oportunidades de trabalho surgem dia a dia e a Assistência Educativo-Social valoriza o trabalhador, é hora de relembrar Roberto Simonsen, fundador e orientador do SESI e do SENAI, batalhador incansável em favor de um Brasil econômicamente forte e dinâmico, socialmente harmonioso e pacífico.

DIA DA INDÚSTRIA 25 DE MAIO

Homenagem de
Cerâmica São Caetano S.A.
Companhia de Mineração e Agricultura do São Francisco - "COMINAG"

Recorte de jornal não identificado.

Fonte: New Baskerville
Papel: Couché Brilho 150g/m
Impressão: HR Gráfica
Tiragem: 2.000